最強讀人術

從了解自己到透析人心

社交互動專家與對話溝通教練

派翠克・金（Patrick King）——著　朱浩一——譯

【專業推薦❶】

適合每一位讀者，誠實看向自己的內在

——《內在原力》系列作者、TMBA共同創辦人 **愛瑞克**

作者在堅實的學理基礎上，提供生活中各種可以運用的情境與實例，讓我受益良多。特別喜歡「**動機能預測行為**」，運用了心理學家榮格的「陰影模型」，教我們如何去覺察、理解和接納對方的陰影，不僅幫助我們成為更高EQ的朋友、伴侶、父母，更可以藉此誠實地審視自己的內在，進而活出更快樂圓滿的人生。此書邏輯架構清楚，易讀、易懂、易活用，適合每一位想要提升人際溝通能力與自我覺察的讀者。

【專業推薦❷】

透析人心，從本書開始

——台積電「跨世代溝通」課程指定講師、商周CEO學院課程王牌引導教練 李河泉

在企業上課多年，許多課堂上的主管很訝異，為什麼只是課堂上的簡單回答，我就能說出這些主管真實的個性？

其實並不困難，本書中剛好就有答案「**只要掌握對方說話表現出的價值觀，以及說這句話的動機**」，我們就能大致上了解這個人。

大缺工時代，許多企業都遭遇人才的問題，過去所謂的「選、用、育、留」的做法，其實已經不切實際。更貼切地說：「想選人，結果沒人來報到」「想用人，同仁意見多到爆」「想育人，員工意願並不高」「想留人，最後人還是想跑」。

許多主管具備了專業能力，但是目前更需要的是管理能力。真正的「管理能力」，是「讓人心甘情願，完成公司目標的能力」。想要做到這件事情，就請從「透析人心」，先研究本書開始。

【專業推薦❸】

最強的讀心技巧

——DISC人才培育專家 **蔡緯昱**

「做事簡單，做人難」「做事是基本，做人是根本」是許多社會菁英的共同經歷，但「做人」卻又是很抽象的概念，因為「人心」是最難了解的，然派翠克・金就是把「人心」用心理學、人格科學、類型學及肢體語言學去具體地剖析，並整理出**實戰的識人讀心技巧，以幫助讀者善用不同的角度，了解自己及透析他人**。以我看過超過一萬名人格特質報告的經驗來說，《最強讀人術》絕對是識人寶典中的翹楚，人手一本的識人指南！

【專業推薦❹】

學會看人，也知道別人怎麼看你

——譯者 朱浩一

在我的記憶中，人生第一次被「閱讀」，是在我上專科的時候。某天放學後，我上了學校餐廳的二樓，要去參加某社團的迎新活動。社長是個長頭髮的女孩子，正低著頭在寫東西，整個人有氣無力。見到我入門，她頭沒抬，只冷冷地問了一句：「生日什麼時候？」

我立刻愣住，這跟我進社團到底有什麼關係？但還是老實回答。沒說不打緊，一說社長臉色一沉，抬起頭開始數落我。

「你們天秤座喔，做事情想東想西，優柔寡斷。個性很善變又自私，滿腦子都想著自己……」

我任這個從未謀面的陌生人自顧自地講了十分鐘，然後毫不「優柔寡斷」地下樓離開，從此不再與該社團有任何接觸。

星座有多大準度，答案見仁見智。但就連不算熟悉星座的我，都知道星座中還有星位、宮位、相位、上升等等，光憑生日（而且沒問我哪一年，也沒問我幾點幾分！）就以為自己「很會看人」，那才真的是透露出自己的臆斷跟偏見呢！

要學會看人，那讀這本《最強讀人術》肯定沒錯。星座、紫微、手相、八字……老祖宗留傳了很多方法下來，但真要深入研究，統統都是學問。本書作者用淺顯易懂的方式，推薦了幾種易學的讀人方法：五大人格特質、MBTI、凱爾西氣質分析、九型人格……都是許多大公司在徵才時會用來當作參考的指南。如果學會了，你不僅會看人，還能知道別人可能會怎麼看你，可謂是攻守兼備。

至於書中提到的其他部分，有幾項我也深有所感。

在成為專職翻譯之前，我當過十年的客服，其中有五年在金融界。相比於其他業界，金融界非常在意客服在講電話時，是否面帶微笑，甚至會要求我們放一面鏡子隨時監督自己。

說實在的，一開始我也覺得是陋習，客人才不會介意。可是等到有一天，主管讓我聽了另一名總是微笑的客服的通話錄音，我才明確意識到：天啊，真的聽得出來！面帶微笑時，聲音是發亮的，情緒是正面的，讓人感覺更舒服。就這麼一個小動作，顧客與客服之間的距離，竟有了大幅的縮短。

至於另一個深有所感的，則是享樂原則。佛洛伊德說，人類總是盡可能地尋求快樂，避免痛苦。這是真的，不只我，我的五歲女兒也是如此。她很愛玩扮家家，每次有時間就翻箱倒櫃，把所有的娃娃、場景都擺出來，扮演起餐廳或店鋪的老闆。然而，原本無比快樂的她，一旦到了後續的整理環節，就搖身一變成耍賴拖延大寶寶，把整理的時間從簡單的十幾分鐘拖成好幾小時，讓我身心俱疲。

然而有一天，我太太突發奇想，跟女兒玩起了「琪琪老師」。我女兒扮演老師，我太太扮演不會整理的小朋友，接著由老師帶領小朋友整理。遊戲進行不到半小時，女兒的遊戲區變得乾淨如新，簡直不可思議。最不可思議的是，我太太當時根本還沒看過《最強讀人術》，完全是自發性想出這種解決方法。跟我一樣還不理解人性的你，比我更理解人性的你，都歡迎閱讀本書，來學習更多知識，讓我們一起成為讀人大師吧！

CONTENTS

CONTENTS

第五章：善用觀察力 177

引　言

你遇過的每一個人，都是不折不扣的一個謎團。
我們要怎麼去真正地了解，
他們的腦袋瓜裡正在產生什麼變化？

如何分析、理解，並且預測他人的情緒、思維、意圖，以及行為

所謂的分析以及讀懂他人，絕對不只是仰賴預感或是下意識的情緒反應。

你有沒有遇過那種似乎天生就能洞察人心的人呢？他們彷彿有種天賦，能夠憑直覺去理解他人的行為模式及背後動機。他們的能力強大到經常能夠預測他人接下來會說些什麼，或是會有什麼感受。

這些人知道要怎麼說話，才能讓別人聽得進去；或者他們也能很快感受到某人在說謊，抑或意圖控制他們。有時候，這樣的一個人，也許能夠感知到他人的情緒，並且明白他人行為背後的動機，其程度甚至超過了本人對自身的理解。

這聽起來根本就是超能力了吧。他們是怎麼辦到的？

事實上，這個能力一點也不神祕，只不過是個任何人都能學習並且精通的技能罷了。有些人會稱呼這種能力為情緒智商或是社會覺察（social awareness），其他人則可能會認為，這更接近臨床心理師或者精神科醫師在針對新患者進行接案初談時會做的事情。同時，你也

許會覺得這種技能是經驗豐富的聯邦調查局探員、私家偵探，或者警察可能會隨著經驗的累積而逐漸獲得。

在這本書中，我們將會仔細檢視自己發展這種技能的所有方法，你既不需要有心理學學位，也不需要受過中央情報局的審訊訓練。

懂得如何判讀並且分析他人，毫無疑問是個珍貴的技能。我們會不斷認識他人，並且與他們互動。如果我們想要擁有成功而和諧的人生，就得要學會跟他人合作。一旦知道如何精準而快速地分析某人的性格、行為，以及沒有說出口的意圖，我們就能跟他們進行更有效率的溝通，說白了，就是得到我們想要的結果。

判讀人心的技能是無價之寶

我們可以調整自己的溝通方式，以確保有打動目標聽眾的心；一旦自己受到欺騙或影響，我們也會留意到。我們能夠更輕而易舉地理解對方，哪怕那個人跟我們有著天壤之別，又或者跟我們有著截然不同的價值觀。無論你是想要透過窺探對方的社群軟體發文紀錄，來稍微更熟悉一個剛認識的人、或是在面試一名新員工、抑或試圖明白維修技術員有沒有謊報你汽車的狀況……能夠有效判讀人心的技能，是無價之寶。

仔細想想這件事，真的是太誇張了：你遇過的每一個人，都是不折不扣的一個謎團。我們要怎麼去真正地了解到，他們的腦袋瓜裡到底正在產生什麼變化？他們在想什麼？有什麼感受？在打什麼算盤？要怎麼樣才能知道他們行為背後的真正用意？他們為什麼會這麼做？甚至包括他們怎麼看待並且理解我們？

對我們來說，另一個人的世界，就有如一只黑盒子。無論怎麼做，我們都只能碰觸到盒子的外部——他們說過的話、他們的臉部表情跟肢體語言、他們的所作所為、我們跟他們有過的互動、他們的外貌、他們說話的語氣跟特性……諸如此類。

在進一步深入本書的內容之前，我們有必要承認這個無可否認的事實——人類是活生生而複雜、不斷改變的有機體，其內在體驗基本上都封閉在每個人各自的體內。儘管有些人或許會提出其他主張，但沒有人能真心而確切地說，他們徹底知道某個人的一切。

話雖然這麼說，但我們的確可以變得更能讀懂那些觀察得到的跡象。「心智理論」（Theory of Mind）這個詞彙，是用來描述一種能夠思考他人的認知狀態以及情緒現實（emotional realities）①的能力。人類總是渴望能夠建立一個人性模型，藉此明瞭他人的思維、感受，以及行為。然而一如任何模型，它簡化了我們面前這個真實存在之人的深度跟複雜性；這樣的人性模型有其侷限，無法總是完美地解釋現實情況。

我們的目標，就是學習去微調自己分析他人言行的能力，以做出最具可能性的猜測。我們將學習到的做法，就是盡可能地去蒐集跟一個人有關的高品質資訊，然後運用我們的聰明才智去分析這些資訊。如果可以把這些細微的資訊，放進一個（或多個）健全而準確的人性模型之中，我們就能藉由獲得的結果，而更深入理解這個人。就像工程師可以透過觀察複雜的機械，來推斷它的功能及操作方式一樣，我們可以學會觀察活生生、會呼吸的人類並分析，以求更能理解他們所作所為背後的原因、動機，以及成因。

在接下來的章節中，我們將檢視許多不同的人性模型——這些理論並沒有優劣之分，而是看待人類的不同方式。只要將它們合併使用，我們就能夠對身旁的人產生嶄新的理解。

採取合乎邏輯的方法

至於後續要如何去善用這種理解，則完全取決於我們自身。我們可以用來培養出一種更

---

① 相對於客觀現實，情緒現實指的是個體所感受到的現實，會受到偏見、經驗、個性、習慣、情緒等等因素左右。例如男女朋友在吵架，曾經有過一次戀愛失敗經驗的男方，因爲疑心女友出軌，而不斷質疑女方陪伴他的時間減少了。縱使女方拿出證據，證明自己陪伴男友的時間不減反增，但男方就是覺得自己的感受正確無誤。

豐富多樣而富有同情心的態度，來對待那些我們關心的人。我們可以將所學到的知識運用到工作場合，或者任何需要跟各種不同的人合作或協力的地方。我們可以用來讓自己成為更好的父母或戀人。我們可以用來改善聊天能力、揭穿他人的謊言或盤算，或者在發生衝突的時候，能夠有效地跟他人重歸於好。

第一次結識某人的時刻，也是我們最需要擁有敏銳的感知與分析能力的時刻。如果跟他人接觸的時間夠長，那麼即便是那些感覺遲鈍、社交能力低下的人，也能夠對另一方有所理解。不過在本書中提到的大多數技能，都能幫助你去獲得幾乎是陌生人的對方——尤其是雙方只談過一次話的那種——的真正有用的資訊。

我們將會更深入地學習去掌握相當精準而快速的判讀技術，如何從他人的言談、行為，乃至於個人的所有物，來評斷他們的個性跟價值觀，如何讀懂肢體語言，甚至還有如何立刻識破謊言。

在我們繼續深入之前，我想給你另一個忠告：所謂的分析以及讀懂他人，絕對不只是仰賴預感或是下意識的情緒反應。雖然本能跟直覺可能有其作用，但我們在本書中聚焦的方法跟模型，都有合理的理論證據，並且尋求超越單純的偏誤②或偏見。畢竟，要是有用的話，我們當然會希望自己的分析準確無誤！

分析他人時，我們會採取有條不紊、合乎邏輯的方法。我們眼前看到的一切，其成因或起源是什麼？也就是說，其歷史因素是什麼？支持你所看見的行為背後的心理、社會及生理機制是什麼？出現在你眼前的現象會造成什麼後果？或者帶來什麼影響？換句話說，你所看見的現象，在其他環境中，會呈現什麼樣的面貌？你所目睹的行為，是如何受到特定事件、他人的行為，甚或是因為你的行為而觸發？

在接下來的章節中，我們將著眼於運用巧妙的方法，來建構出一套理性而資料導向的分析，以分析那些出現在你生命中的、複雜而迷人的他者。你可能會開始理解到，這種分析方式如何成為許多其他能力的根基。例如，知道如何讀懂他人，可能會提升你的同情心、促進你的溝通技巧、提高你的談判能力、幫助你設立更明確的界線，以及一個你意想不到的附加作用：幫助你更了解自己。

② 在中文裡，bias可譯為偏見或偏誤，其定義經常跟prejudice一詞通用；但在英文中，bias指的是認知的特定傾向（通常被定義為負面），prejudice則更接近我們所說的成見、偏見等，兩者之間有細微的差異。

學會如何讀懂他人，增加你的感知能力

- ☑ 提升你的同情心
- ☑ 促進你的溝通技巧
- ☑ 提高你的談判能力
- ☑ 幫助你設立更明確的界線
- ☑ 幫助你更了解自己

為什麼你的做法很可能有錯？

人們對他人性格的判斷，往往遠不及他們自己所認為的那麼準確。

許多人相信自己「很會看人」。

要大膽地宣稱自己理解他人的動機，其實十分容易，前提是你用不著停下手邊的事務，認真地去檢查自己所說的話有沒有錯。然而，不幸的是，更可能的解釋是確認偏誤（confirmation bias）——也就是說，你記得所有自己的評斷沒出錯的那些時候，卻忽略或淡化了你顯然搞錯的那些時候。又或者，你乾脆從來不去過問自己的判斷是對是錯。有多少次的機會，你聽到別人說「我一直以為某某某是個怎樣怎樣的人，沒想到一旦認識了他，我才意識到自己錯得很離譜」？

事實上，人們對他人性格的判斷，往往遠不及他們自己所認為的那麼準確。如果你正在閱讀這本書，那麼很有可能，你知道自己還可以再多學點東西。學習新知，只有好處沒有壞處。畢竟，要學習真正有效技巧的最大阻礙，就是自認為無所不知，毋須學習！

那麼，考慮到這一點，在成為讀人術大師的道路上，有哪些事情會成為我們的阻礙呢？

首先最重要的，就是要記住情境的影響。或許你曾經在網路上讀過一篇內容大意是「某人在說謊的五大跡象」的條列式文章，然後你就試著想要在現實生活中認出這些跡象。這麼做的問題很明顯：這個眼睛往左上方看的人，他是真的在說謊，抑或只不過是注意力被屋頂上的某樣東西給吸引了？

同樣地，一個人在對話中不小心的「口誤」，是意外透露了自己的一個小祕密讓你知道——抑或只不過是因為他睡眠不足而說錯了話。情境很重要。

相同地，我們不能只憑藉單一的陳述、臉部表情、行為舉止，或者片刻時光，就誤判某人的完整面貌。你今天有沒有做過那麼一件事，如果單憑那件事情來評斷你的話，就會得到一個關於你性格的、徹底荒謬的結論呢？分析必須透過數據——而非單一資訊——來進行，因此唯有在我們能夠看到更廣泛的傾向時，才能判斷。

這些廣泛的傾向，也需要被放進去你正在分析的對象的文化語境（cultural context）③之中。有些肢體語言所代表的意義是舉世共通的，但有些則不然。舉例來說，在多數文化中，說話的時候，兩手插在口袋內，會給人負面的印象。另一方面，是否要跟對方的眼神交流，則是個棘手的問題。在美國，通常鼓勵眼神交流，這被認為是誠實跟聰明的象徵。然而在其他地方，例如日本，就不鼓勵眼神交流，因為這被認為是不尊重他人的行為。同樣地，有一些小動作在你所屬的文化中可能有特定的涵義，但在另一個文化裡卻有著截然不同的意涵。一開始，要記住這些不同的人性模型，可能有點困難；但隨著你持續練習這一門技藝，就會自然而然開始熟悉。

如果有這麼一個人，在一次簡短的對談中，做了一件不尋常的事情，而且次數高達五次，那麼你就應當要留心了。如果某人只是輕描淡寫地宣稱：「我認識那個女的。她的性格很內向。我有一次看到她在看書。」你絕對不會稱他為讀人術的大師！因此，你應該要記得另一個重要的原則：在分析過程中，要找出模式。

先確保對自我的了解

聰明的人在讀人的時候，之所以會做出不那麼聰明的結論，其另外一個原因就是沒有建

③ 語境指的是「言語的環境」，大致可分爲三類：一、上下文語境：口語的前言後語；書面語的上下文。二、場景語境：包括時間、地點、話題、場合、說話者的狀態（身分、職業、思想、教養、心態……）。三、民族文化傳統語境：歷史文化背景、社會規範和習俗、價值觀。

立一套對方的基礎行為模式。眼前的這個人可能跟你有許多的眼神交流、誇獎你、點頭，甚至偶爾會輕觸你的手臂。你當下可能會斷定這人一定非常喜歡你，直到你發現他對遇到的每個人都是這樣。他的所作所為，事實上表明了他對你只有基礎的興趣，因此你所有的觀察判讀，都沒有獲得通常應該要有的效果。

最後，在研究他人的行為時，你還有一件事情需要衡量，而這件事情通常會是真正的盲點：那就是你自己。你可能會認為某人正打算欺騙你，但你完全沒有考慮到自己疑神疑鬼又過度謹慎的天性，以及你其實最近才剛剛被騙，而你還沒有走出被騙的陰影。

很諷刺的是，這最後的一點，很可能是你成功判讀他人行為的真正關鍵——在我們認真分析他人之前，要先確保我們對自己有最基本的了解。如果你沒有留意到自己可能將自身的需求、恐懼、臆斷跟偏見投射到他人身上，那麼你對他人的觀察及判讀也不會有什麼用處。事實上，你很可能只是繞了一圈來了解自己，以及你身上所背負的認知與情緒包袱。

讓我們來看看這些原則如何實際運用。

假設你正在面試一個可能會進公司的求職者。你只有很短的時間，來判讀她是不是能夠融入團隊。你注意到她說話相當快，偶爾會有些結巴。她坐在座位的邊緣，兩手緊緊握在一起。她會不會是一個非常緊張又缺乏安全感的人呢？你中斷判讀，心知任何人在面試都會緊張（也就是說，你認知到了情境的存在）。

你注意到這名求職者不止一次提到，她上一位雇主對工作時間的要求非常嚴格，而她更喜歡獨立作業，並且掌控自己的時間。你猜想，這是否表示她不善於接受管理階層的指示，抑或她真的既獨立又積極。你不知道她的基礎行為模式，因此你問了她大學時代的過往，以及她修了些什麼課程。她提到自己獨立著手的研究項目，以及她跟當時的指導老師之間的密切合作。這件事情讓你知道，她可以接受管理……前提是她要對著手的項目感興趣。

如果只把注意力放在她的緊張上，你就沒辦法判讀得太深入。許多招募人員會說，講前任雇主的壞話，是個毫無疑問的警訊；但在面試中，你要尋找的東西是模式，而非單一事件。你甚至還可以想想，她的表現之所以會這麼緊張，是因為你讓她很緊張。你可能會知道，身為一個身材高大、身強體健、聲音低沉、神情嚴肅的人，你眼前的女人絕非平常的她，而是此時此刻在你的公司裡面的她。

透過記住幾個簡單的原則，我們就能夠確保自己的分析不但深思熟慮、面面俱到，也納入了情境。我們是在將面前的資訊整合成一個有條有理的實用推論，而非只是單純地發現一些刻板行為，然後得出一個簡單的結論。

客觀性的問題

單純地聲稱自己「八面玲瓏」，並不真的表示你讀人的眼光就會比較準。

「你昨晚開那個政治笑話的時候，你表弟真的很不開心。」

「不開心？哪有不開心？他覺得很好笑。我還記得！」

「不可能！他皺著眉頭。我猜他一定超氣你的……」

你有沒有過這樣的經驗：跟一群人聊天，事後卻發現，不同的成員之間，對於當時的描述竟然天差地別。有時候，關於某人是否在調情、某人是覺得不舒服或受到冒犯、某人是心情不好還是態度粗魯等等的情況，人們會抱持截然不同的想法。這感覺就彷彿你同時活在兩種不同的現實之中！

一些研究顯示，人跟人之間的溝通，只有百分之七是來自真正有說出口的話，而有高達百分之五十五的訊息，是來自肢體語言。這意味著，人們說出口的話，通常跟他們真正想傳達的訊息有著極大的差異。就連他們說話的語調，都只有百分之三十八的可信度。現在我們就能知道，為什麼人們在離開了群體聊天的現場後，通常會對當時的互動場景，抱持彼此衝突的意見了——他們使用了錯誤的元素去判讀。要領會他人在對話或會談時所傳遞出的、非言語的真實訊息，你需要同時思考他們的言語及非言語暗示。

我們已經看到，單純地聲稱自己「八面玲瓏」，並不真的表示你讀人的眼光就會比較準。但事實證明，可能真的能夠用科學的方法，來實際測量人們的讀人能力。英國的臨床心理學家賽門・拜倫—柯恩（Simon Baron-Cohen）——沒錯，他跟英國喜劇演員薩夏・拜倫・柯恩（Sacha Baron Cohen）有關係，他們是表兄弟——設計了一份他所謂的社會智能測試（social intelligence test）。這份測試滿分三十六分，在自閉症患者中觀察到的結果低於二十二分，而平均分數則是在二十六分左右。

基本上，這份測試是要你透過單純地觀看他人的眼神，來推斷他們的情緒，意即測量你的同理心。這個人可能在笑，但他（她）會不會其實很不舒服？懂得如何判讀他人的情緒，跟整體性的社會智能較高有關，進而又連結到更佳的團隊合作能力、同理心，以及更優秀的讀人能力。

如果你很好奇，你可以用桌上型電腦進入下列網址：http://socialintelligence.labinthewild.org/。這個網站會要你看一系列的照片，照片裡面只有一雙雙的眼睛，同時要你從畫面上出現的四種情緒中擇一，來描述被攝者的感受。但你要先做好可能會被自己的測試結果嚇一跳的準備——或你也可能會被朋友或家人的測試結果嚇一跳。

提升讀人術的能力

當然，就跟其他同類型的測試一樣，這個測試也有其缺陷跟侷限。舉例來說，你可能是個社交天才，但是懂得的詞彙很少，或者你並非出身西方文化，抑或你不懂英語，那麼就應該對測試結果審慎視之。這個測試展現出了你能夠從極少資訊——也就是說，單憑透過看他們的眼睛一眼——判讀他人情緒的能力是好是壞。

但這只是謎團的一小部分。這個測試告訴我們的是，我們並非每一個人的社交能力都一樣，也許我們沒有自己原先以為的那麼在行。這反過來告訴我們，單靠預感或直覺通常都不夠——你可能很容易就會誤判他人的心緒。

在面對諸如他人心靈深處暗藏的渾沌事物時，我們需要盡可能地保持客觀。我們當下產生的感覺通常不一定值得信賴。如果你做了上述的測試，在滿分三十六分裡面，只得到了二十六分，那麼你就可以合理推斷，在每三十六次的邂逅中，你就有十次是誤判了對方的表情。

既然如此，你還需要再學些什麼呢？

另一方面，某人的眼神，只不過是你在任何社交場合中，必須處理的訊息中的一小部分而已。你還看得到他們擺出的姿勢以及肢體語言、他們說出口（還有更重要的，那些沒有說出口）的話、他們的語氣、他們的態度、你們對話時的情境……

如果你在上述測試中沒有得到高分，別擔心，這並非表示你有自閉症或是社交能力極差。在現實生活中，在短暫相遇的瞬間，我們所獲得的資訊不會只是一幅某人眼神的照片。事實上，你可能遠比自己所想的更擅長將單一線索與其他所有的資訊整合，讓你得以自由運用。

然而，你或許會想要嘗試的，是利用這本書中所提到的幾種方式，來主動加強你的讀人術，並在一、兩個月以後再回來重做一次上述的測試。你可能會發現一件有趣的事情——我們的同理心及社交能力並非萬古不變，而是能夠培養及精進。一旦你掌握到了讀人術的基本能力，就準備好繼續學習更多理論跟模型，藉此幫助你將讀人術的能力提升到神探福爾摩斯的等級。

重點整理

● 人與人之間的多數交流，本質上都是非言語的。人們所說的話，通常無法好好傳達自己的意圖，使得讀人術成為一種能夠帶來無窮好處的珍貴技能。雖然我們每一個人都有不同的天賦，但只要我們能坦然接受自己的不足，就有辦法培養讀人術這個技能。

● 無論使用哪種人性模型的理論，來幫忙分析及判讀我們所得到的觀察，我們都需要去考量情境，以及它所帶來的影響。單一的跡象鮮少能導引出準確的判讀，你需要同時將許多跡象納入考量。人們所隸屬的社會文化，是另一個重要的判讀要素，能夠賦予你的分析適當的脈絡。

● 缺乏脈絡的行為毫無意義；我們需要建立一套基礎行為模式，好讓我們知道如何判讀眼前的狀況。這意味著，你需要弄清楚某人平常的言行舉止，才能夠察覺他們此刻的行為有沒有什麼不尋常之處，進而清楚判讀他們的開心、興奮、沮喪等等情緒。

- 最後，一旦我們了解了自己，就能成為讀人術的大師。我們需要知道自己有哪些認知偏誤、期盼、價值觀，以及下意識的驅動，好讓我們得以盡可能地中立和客觀。我們必須避免讓悲觀主義蒙蔽了判讀，因為當另一個更正面、可能性也一樣高的結論存在時，我們通常都很容易偏好尋求更負面的結論。

- 在閱讀本書的過程中，為了讓你能更明白自己的成長，你需要在初起步的時候，先了解自己在讀人術方面的熟練程度。賽門・拜倫—柯恩發明了一個方法，你可以在http://socialintelligence.labinthewild.org/測試，並藉此幫助你判斷自己此刻在判讀他人情緒方面的表現。這也是一種好方法，能夠讓我們明白自己的讀人能力，其實並不如自己原先所想像的那麼優秀。

第一章

動機能預測行為

一旦你知道某人行為背後的動機，就可以開始將他們的行為，視為他們自身自然而然且合乎邏輯的延伸。

為什麼要費心去理解人呢？為什麼要找自己麻煩，去學習人心是如何運作的呢？如果你試著回想一下，自己曾經拚了命地想要去判讀某人，或許是因為你很想要知道他們接下來會怎麼做——又或者，你是想要弄明白，為什麼他們要那麼做。

要理解人們為何做出某種行為，我們需要探究其行為背後的成因及驅力：他們的動機。每一個人（包括你在內）的行為，都受到某些原因的驅策。你可能無法總是留意到或是理解那個原因，但原因仍舊存在。只有瘋子才會沒來由地做任何事情！因此，要面對任何行為，要理解它、預測它，甚至以某種方式去影響該行為，你就需要明白它背後的驅動力是什麼，也就是說，需要去明白一個人背後的動機為何。

你為什麼要拿起這本書？你今天早上為什麼要起床？你今天少說也做了好幾百件事了，為什麼你要做其中的任何一件事？

無論是有意或無意，你一定有你的理由，而另一個人或許可以藉由明白你的動機，來對你產生深入的理解。

在這個章節中，我們將檢視能夠激發人類行動的一切事物：欲望、仇恨、好惡、歡愉與痛苦、恐懼、責任、習慣、被迫等等。一旦你知道某人行為背後的動機，就可以開始將他們的行為，視為他們自身自然而然且合乎邏輯的延伸。你可以從他們的行為往回推斷他們的動機，並且最後回到他們身上，去理解他們這個人。

人們會受到心理、社會、經濟，甚至生理與演化等因素的驅動，而所有這些因素彼此之間也都會巧妙地相互影響。人們在乎哪些事？問到了他們的興趣、價值觀、人生目標，以及恐懼，多多少少也等同於問到了他們的動機。一旦你用這樣的想法去理解人們的出發點，就可以開始從他們的角度來理解他們，以及他們的世界觀。

在這個章節中，我們將探討人類行為背後的許多不同動機。將這些動機視為解析用的模型，你可以藉此觀察他人的行為，並且使用這個解析模型來深入理解你看見的情況。讓我們從最深層的地方開始：無意識。

將動機視為陰影的表現形式

如果你可以直接跟一個人心理中那些未獲得承認的部分交談，那麼你就可以跟對方進行更深入的交流。

下面這個例子很老哏：一個又禿又肥的中年人開著一輛發出震耳欲聾之聲的昂貴跑車呼嘯而過，站在人行道上的人於是說：「唉呀，這傢伙是想靠這輛車來補償什麼啊？」這雖然只是一個粗鄙的玩笑，但它陳述了一種人們對事實的常見解讀方式，那就是人們有時候會被無意識的內在力量所驅使，而他們可能不一定會留意到這件事。

你可能很熟悉瑞士心理學家卡爾・榮格（Carl Jung）的陰影概念。簡單來說，陰影包含了我們本性中否認、忽視或拒絕的所有面向。我們把這些面向統統藏起，不讓他人看見——甚至不讓自己看見。我們的卑劣，我們的恐懼，我們的憤怒，我們的虛榮。

榮格的想法就是，一旦與自己的陰影合而為一，我們就會培養出更深層的圓滿體悟，並且能夠過起真誠而完滿的人生。你瞧，榮格跟當今的潮流不同，他不在乎「正能量」跟自我提升。他認為心理的健康與健全源於承認並接受自己——全部的自己——而不是把自己不想要的部分愈推愈遠。

處理「陰影問題」——也就是有意識地嘗試找回那些被你自己拋棄掉的部分——可能會帶來極大的喜悅感。但是我們要如何利用這個概念，來幫助我們更理解身旁那些一樣也有陰影的人呢？

陰影所產生的影響在於，縱使它因為受到了壓抑，而存在於意識的覺知之外，但陰影的存在依然無庸置疑。事實上，陰影會用更微妙的方式來彰顯自己的存在，表現在行為、思維，以及感受上，或者出現在夢境或其他不設防的時刻。如果我們能夠觀察並理解他人身上這些外在的跡象，就可以深入了解他們的人格特質。

我們生活在一個二元的世界裡——黑暗因光明而存在，我們之所以能夠理解「上」，是因為有「下」的陪襯，以及高能量粒子終有速度減緩乃至於停下的一天。理解這個簡單的原則，也能夠幫助我們去理解人。我們每一個人都是由互補互足、相連相依的能量融匯而成。就像陰陽一樣，彼此相生，彼此平衡。

想像一下，有個人在家教甚嚴的家庭長大，並被要求在學業上要取得好成績。不准熬夜、不准喝酒、不准交朋友，只准夜以繼日地念書。你可以看看這樣的一個人，並且注意到他的人生是多麼不平衡或極端。他的意識只專注在生命的單一面向。但是他那些追求自由、叛逆、玩樂，或者有點瘋狂的衝動怎麼了？那些衝動跑去哪裡了呢？

你很有可能認識一些人，他們的童年真的就像上面所描述的這樣。而這一類的生命故事似乎都有著非常相似的走向：在成年前期，這樣的人終於屈服於長年以來受到壓抑的隱藏渴望，於是放棄學業，汲汲營營於自由、自我表達、叛逆，以及「放飛失控」，他們沉溺於這樣的生活，彷彿藉此彌補自己失去的時光。

他人陰影如何投射到外面的世界

我們可以利用陰影的觀點，來理解這樣的現象。縱使我們遇到了一個行為端正、紀律嚴明的學生，也知道在他們的陰影之中，容納了那些不被他們自身、他們身旁的他人，以及他們所處的環境所接受的一切。就像要持續把沙灘球壓在水底下需要耗費精力一樣，要抗拒自己的陰影也會耗費精力。但是到了最後，球依然會浮出水面。

過著生活的同時，卻渾然不知自己的陰影，會導致我們的心理不適。我們的身、心、靈渴望合而為一，如果這樣的圓滿合一，只能透過讓那些壓抑在體內的原料在意識表面噴發而出，那就這樣吧。藉由利用榮格的陰影理論，在意圖理解他人的時候，你就能獲得一些關鍵的見解。

首先，你可以更深入地去理解他人之所以會是此刻樣貌的原因，而這份理解自然而然會增強你的同情心。如果你知道學校的惡霸，是在童年時期就學會了壓抑他所有自卑、軟弱，以及恐懼的感受，那麼在看待他的行為時，你就能夠多幾分的理解。在面對他的時候，你就能夠超越顯而易見的表面——你能夠跟完整的他打交道，而非只看見他那有意識地精心編排過的表面自我。

其次，透過利用陰影模型，可以讓你在跟他人接觸及溝通時更有效率。儘管我們每一個人都是分裂的存在，但我們依然有一股追求圓滿與真誠的衝動。如果你可以直接跟一個人心理中那些未獲得承認的部分交談，那麼你就可以跟對方進行更深入的交流。

舉例來說，一個傲慢又自戀的人，可能擁有一個充滿自我厭惡的陰影。在那個陰影中，有著他無法認可其存在的一切。他們極端排斥那一切，進而完全否認那個陰影的存在。我們對自戀狂的標準反應，是會想要拆穿他們、嘲笑他們，或者否認他們的虛有其表。但這麼做，只會加劇最初造成分裂的羞恥感。如果你可以視一個人的虛有其表其實只是一種防禦手段，你就能夠據此調整你的溝通方式。

當然，你不能夠只因為一己之見，就要求他人承認自身的陰影，但這麼做，肯定能夠讓你明白未來應該如何去跟他們相處。使用這種理論來理解他人的最後一種方法，就是看看該陰影是如何投射到外在世界。

陰影裡充滿了痛苦又不舒服的感覺。我們透過忽視或者否認這樣的感覺，來減輕自己的痛苦與不適，而要否認這些負面感受的最好方法，不就是聲稱這些感受的擁有者全是他人而非自己嗎？陰影投射，指的是一個人下意識地將自身的陰影特質歸咎到另一個人身上。例如，一個覺得自己智力低下的人，可能會發現自己認為每個人、每件事都「愚蠢」，或者傲慢地批評他人的努力。

雖然表面上看來，他們可能自稱知識分子，但你會發現真相：那張看似聰明的面具，實際是用來保護貨真價實的自卑感。如果碰巧有這樣的一個人罵你是笨蛋，你就會知道這句話其實跟你或其他事物都沒有任何關係。

你可以利用這樣的理解，來大幅提升自己的說服力，甚至操控他人——比如說，如果你想要討好這樣的人，那就稱讚他們的智慧。

你也可以利用這樣的洞察力，來產生富有同情心的深刻理解。舉例來說，你可以試圖跟這樣的一個人溝通，表示「愚笨」並不可恥，無論他們聰明與否，你都接納他們，也喜愛他們。這麼做，有助於整合陰影——如果這個受到壓抑的元素，不會讓人覺得羞恥或不適，那麼就再也沒有將之推開的必要。這就像是放鬆沙灘球上的壓力，讓球輕輕地浮到水面。

這並不是在說，我們每次認識一個新的人，都需要進入熱切的心理治療模式。整合陰影是一件漫長而困難的工作，你不能夠代替他人去做。我們最能夠為自己做的，就是努力去處理我們自身的陰影。與此同時，我們也利用這樣的經驗，來幫助我們認知並且理解到他人陰影的運作方式。

你甚至可能開始以略微不同的方式，去看待自己的社會文化——群體也可能擁有他們自己的集體陰影。身為一個群體，你的家庭、社群，甚至國家拒絕承認的事情是什麼？而這又能如何幫助你去稍微更理解他們的行為呢？

他人的陰影觸發你的陰影

在榮格派的精神中，面對陰影時，最有幫助也最具療癒效果的態度，是愛與接納。保持好奇心，但也別忘了保有一顆仁慈的心。你辨識出他人（可能擁有的）陰影的目的，不是要指出他們的過失、表示你自己高人一等，或者想要找出能夠利用他們的方法。

相反地，做這件事情的目的，是在一個恆常分裂、破碎、分歧、無意識的世界中，看見整體。如果你能看見他人身上運作的陰影，這也是在邀請你誠實地去審視自己的內在。

一旦我們能夠以接納和理解的態度，來看待他人的羞恥、恐懼、懷疑跟憤怒，我們就能夠為自己做同樣的事情。我們不僅能夠更深諳人性，也會成為更敏銳、EQ更高的朋友、伴侶、父母。

事實上，我們每個人推入各自陰影內的東西，往往差別不大。我們都不想承認，有時會覺得自己渺小、軟弱、不可愛、困惑、懶惰、自私、好色、善妒、卑鄙，或者懦弱。思考自己跟他人陰影的一個好方法，是觀察他們的行為觸動了你的哪些情緒。

比如說，你可能正在跟先前提到的那種自吹自擂的知識分子談話。你分享了一個看法，他們一笑置之，隨即斥之「愚蠢」。你有何反應？如果你的反應跟多數人一樣，那麼你可能會感受到一陣憤怒、尷尬，抑或丟臉，並且突然覺得需要為自己辯護。也許你會反駁他，說一些你自認聽起來非常聰明的話，來證明他是錯的……或者你乾脆嘲笑回去，直接羞辱他。

這裡發生的事情，其實是他的陰影觸發了你的陰影。會出現這樣的反應，是因為你體內產生了某種你不想要的、覺得自己既愚笨又差人一等的感覺。然而，如果你在這類的互動中，能夠保持覺知，就能讓思緒暫停，注意到自己的反應，並對這樣的反應產生好奇。這個人用這樣的方式羞辱你，其實是在告訴你一件關於他自身的、很重要的事情，前提是你必須懂得聆聽。

非常機敏又細心的人知道，一個人用來羞辱你的話語，往往是他們自身無法承認的、他們實際上幫自己貼上的標籤。如果意識到這一點，你就能在這樣的對話中保持冷靜。如果沒有意識到，你可能就會跟對方一起陷入互相的自我防衛階段——也就是爭論——你不自覺地接受了他們的邀請，跟他們進行一場陰影之間的競賽。

陰影會出現在人們的動機之中。出現在老套故事中的中年男子，將自己因失去了青春與性活力而產生的悲傷，壓抑到了意識之外。但所有人都看到了他那輛迷人的嶄新跑車，他用這種形式呈現出了自己的悲傷。下次遇到某人的時候，請快速瀏覽一遍下列的問題，以幫助你更深入地了解他們：

- 這個人此刻正在努力而有意識地演出什麼情緒給我看？
- 這個人可能不願意承認自己的哪些方面？
- 這個人所不願意承認的這個部分，如何在下意識激發了我看見的表面行為？
- 這個人此刻讓我有什麼樣的感覺？我覺得他們是在把陰影投射到我身上，抑或是他們觸發了我的陰影？
- 針對他們的陰影，此刻的我如何表達出同情與理解？

在跟某人交談的時候，陰影模型能夠幫助你跟他們的全部面向交談，甚至是那些他們沒有表現出來的部分。這就是人們都很看重的「了解言外之意」的其中一種方式！

陰影會藏在「動機」中

對方演出什麼情緒給我看？

對方不願意承認自己哪些方面？

對方不願意承認的部分，
下意識激發了我看見的表面行為？

對方此刻給我的感覺？
把陰影投射在我身上？
或是觸發了我的陰影？

此刻我如何表達出同情與理解？

我們的內在小孩依然存在

「探索內在小孩」聽起來有點讓人難以接受，但跟溫柔地承認並且擁抱自己的陰影面向，其實沒有什麼不同。

另一種查明人們更深層動機的相關方法，就是認出並且認可他們的「內在小孩」。我們可以將內在小孩，理解為我們無意識的部分，它代表的是曾經身為孩子的我們。

畢竟，通常是在童年時期，我們學會了自己的哪些部分是受到接納的，而又有哪些部分則不被接納。正因如此，我們也是在童年時期，開始建立自己的陰影，並且有意識地去塑造我們的個性。「探索內在小孩」聽起來有點讓人難以接受，但跟溫柔地承認並且擁抱自己的陰影面向，其實沒有什麼不同。

不論你是自己探索內在小孩，或是有心理師陪同，都可能會跟自己的內在小孩有一段童趣的對話，還有寫日記、畫圖，以及在抱持著富有同情心的成人心態下，「重新養育」年輕版本的你，給予當時的你所需要卻沒有得到的一切事物。

我們如何利用內在小孩的理論，來幫助自己精進讀人術？一如我們先前學過如何辨識出某人當下是否受到陰影的影響，我們也可以查明某人的言行是否受到內在小孩所激發。如果你跟伴侶發生爭執，而他們既憤怒又防備，如果你將其理解為根本就像一個害怕的孩子在發脾氣，那麼你可能會突然更清楚地明白了他們的行為。

你先前很可能有過一、兩次經驗，覺得自己好像在跟一個有著成年人外表的孩子打交道。如果你注意到某人忽然表現出過度的情緒，那就要留心了。忽然感受到憤怒、受傷、防備，或者受到冒犯，可能是某條神經受到了觸動的線索。無意識——無論是陰影或內在小孩，抑或兩者同時——不知怎的被觸發了。

想要知道正在跟自己打交道的某人，是不是完全跟他們的兒童自我產生了共鳴，一個明確的跡象就是，你會覺得自己被定位成了「父母」。如果我們是成年人，就應該承擔責任、表現出自我約束力，並且言行應當理性而尊重他人。但一個處於兒童模式中的人，或許（心理上）是個孩子，這促使你的回應就要像個父母，意即安撫、訓斥，或者為他們負責。

假設你被公司要求跟一個新人一起工作。這個人先是放了你鴿子，接著沒有做他分內的工作，留你收拾他的爛攤子。當面質問他的時候，他嘟起了嘴否認，同時生悶氣。你意識到，他完全跟自己的內在小孩產生共鳴了——而他的內在小孩恰巧頑皮又叛逆。知道了這一點，你就能夠避免進入父母模式。你就不必承擔責任，既不需要斥責他們，也不用試圖找方法來收買他們，就只為了讓他們做自己該做的工作。

或許，在這個人生命的早期，他就學會了利用這種回應方式來面對權威、責任，或是任何他其實並不真的想做的事。然而，透過從容地跟你的同事的成人面向互動，你改變了事情發展的態勢。你讓他們無法保持兒童模式。本來可能會更嚴重的衝突，最終獲得了解決。

這是一個細微但強大的轉變——我們不單只關注眼前發生的行為，還關注行為背後的來源跟成因。誠然，我們這麼做，可能不會開闢任何額外的選擇途徑，但我們總能因此豐富自己對情況的理解，而這件事本質上彌足珍貴。

心理學對流行思維長久以來的貢獻之一就是，我們不僅可以透過情況與事件的實際樣貌去解讀，牽涉其中的人，以及他們人性中的需求與動機，也是我們解讀的對象之一。我們將在下一節中，更仔細地研究這個理論。

動機的要素——快樂或是痛苦

有什麼事物是能讓我快樂，而我又能馬上得到的？還有，有什麼事物不但來得極快，還會帶給我巨大的痛苦，是我必須避免的？

如果你能夠放大，並且真正掌握一個人的真實動機，就能夠更加理解他們，或許甚至可以預測他們未來可能會做出的行動。使用這種心理學的方法，可以讓你有機會設身處地理解他人的觀點，並且透過模仿他們的思維及行為模式，去明確知道他們可以藉此獲得些什麼。有了這樣的知識，就能立刻讓你用更豐富多樣的方式，去跟他人交流。

同樣地，人們的動機，也跟他們的情緒還有價值觀巧妙地交織在一起，因為這三者往往尋求同樣的目標。動機不過是另外一個角度，來呈現出某人的行事方法背後的成因，而我們又可以藉此明白些什麼。

在所有關於動機起源的推測中，沒有比享樂原則（pleasure principle）更著名的了。享樂原則之所以會如此出名，也是因為它十分容易理解。享樂原則最早是由精神分析之父西格蒙德・佛洛伊德（Sigmund Freud）有意識地公開提出，不過早於古希臘就在鑽研人性的亞里斯多德（Aristotle）就注意到，我們有多麼容易受到快樂以及痛苦的操縱跟激勵。

享樂原則斷言，人類的心靈盡其所能地尋求快樂，避免痛苦。這句話說得是一清二楚。在這樣的簡單性中，我們發現了一些生活中最普遍也最容易預測的動因。

我們的爬蟲腦——可以說它容納了我們與生俱來的驅力跟欲望——採納了享樂原則。爬蟲腦無拘無束。它既原始又天然，竭盡所能地回應我們身體對快樂及滿足的渴望。任何能夠引起歡愉的事物，大腦都會以同樣的方式感受到，無論是一頓美味的餐點，抑或是毒品。事實上，爬蟲腦就恰恰有如一個癮君子，他會不惜一切代價，只為嘗試另外一種毒品。

享樂原則會受到幾條規則的影響，而這也使得我們的行為相當容易預測。

我們所做出的每一個抉擇，都是基於獲得快樂，或是避免痛苦。這是地球上每個人的共同動機。無論我們在一天當中做了什麼，一切都能歸結到享樂原則。你狼吞虎嚥了冰箱裡的零食，因為你渴求某種食物的味道跟口感。你去剪頭髮，是因為覺得這樣一來，別人會覺得你變好看了，而這會讓你開心，讓你快樂。

相反地，你在使用噴槍的時候，之所以會戴上防護面罩，是因為想避免火花飛濺到你的臉孔跟眼睛上，因為這樣會讓你很痛。如果你追溯我們做出的所有抉擇，無論是短期或長期抉擇，你會發現所有的抉擇都根源自一些快樂或是痛苦。

一隻受了傷的動物更有動力

人們努力工作，是為了避免痛苦，而非獲得快樂。雖然每個人都盡可能地想得到快樂，但其實他們避免痛苦的動機強上許多。舉例來說，在危險情況下求生的本能，要比你吃自己最喜愛的巧克力棒的動機更直接。因此，相較於獲得快樂，在面對痛苦的可能性時，大腦會工作得更賣力。

比如說，假設你站在一條沙漠公路的中間。擺在你前面的是一個寶箱，裡面裝滿了金錢與貴得離譜的珠寶，能夠讓你下半輩子不愁吃穿。但同時有一輛失控半翻的卡車朝寶箱衝過去。你很可能會決定跳遠避開卡車，而非伸手抓住寶箱，因為你避免痛苦的本能——在這個案例中，出了差錯就是必死無疑——超過了你獲得快樂的渴望。

如果你的人生已經跌入谷底，並且面臨著大量的痛苦或不滿，那麼你必須開始採取行動，以避免將來發生那種情況。相較於一隻些微不適的動物，一隻已經受了傷的動物當然更有動力。

相較於實際的事物，我們對快樂及痛苦的感覺更能驅策我們。當我們的大腦在快樂或痛苦的體驗之間抉擇時，大腦所依據的準則，是我們認為自己在付諸行動之後，可能會產生什麼樣的後果。換句話說，我們對快樂及痛苦的感覺，才是背後真正的驅動力。事實上，這些感覺多半有所缺陷，這就解釋了，我們的言行為什麼經常違背自己的最大利益。

關於這條規則，我想不出比香辣蚱蜢（jalapeño chapulines）更好的例子了。這是一種辛辣的墨西哥傳統小吃，味道鮮美，含醣量低，順便說明一下，「chapulines」這個字的意思是「蚱蜢」。我們說的是用辣椒調味過的蚱蜢。

此刻，你可能對蚱蜢的味道一無所知。也許你從來沒嘗過。但光是想到要吃蚱蜢，就會讓你思緒中斷。你想像舌頭會嘗到牠們噁心的味道。你想像如果咬下一口蚱蜢，你就會作嘔。你可能會不小心咬到蚱蜢的內臟器官。吃蚱蜢的感覺正在驅使你快速遠離實際吃蚱蜢的行為。

然而實際上，你仍然還沒有真正嘗試過這種滋味。你的大腦正在依據你對吃蚱蜢這件事情所產生的排斥想法去運作。真正嘗試過蚱蜢美食的人，或許會堅持告訴你，只要料理得當，蚱蜢真的很好吃。儘管如此，你可能依然無法克服自己對於吃蟲行為所產生的先天性感覺。

快樂和痛苦會隨著時間而改變。整體來說，我們關注的是此時此刻：有什麼事物是能讓我快樂，而我又能馬上得到的？還有，有什麼事物不但來得極快，還會帶給我巨大的痛苦，是我必須避免的？在考量要獲取什麼讓人舒服的事物時，我們心思會更關注在可能立刻發生的事物上。那些從現在開始起算，可能要到好幾個月或好幾年以後才會來到的快樂跟痛苦，我們其實都不會意識到——最重要的是眼前的這一刻。當然，這是存在於我們的感覺之中的另一種缺陷，也是我們經常拖延的原因。

享樂原則掩蓋理性思維

假設抽菸者需要一根菸，這是他們此刻關注的主要焦點。這根菸能夠帶給他們一定程度的放鬆或快樂。而大約十五分鐘以後，休息時間就到了，屆時他們就可以享受這根菸。這是他們日常生活的重心。他們沒有想到的是，每次都得抽上一根菸的「需求」，會導致未來沉重的健康問題。這是一個遙遠的現實，對他們不具任何影響力。此時此刻，他們需要一根菸，他們渴望一根菸，如果沒有來上這麼一根，可能立刻就會覺得頭痛。

情緒勝於邏輯。情況涉及享樂原則時，你的感受往往會掩蓋理性思維。你或許知道去做某件事對你來說是好或壞。你明白好或壞背後的所有原因。你都知道。但是，如果你那缺乏邏輯能力的本我（id）④非常執意要滿足某種渴望，那麼它八成會得逞。此外，如果你的本我促使你認為，做某些該做的事情，會帶給你太大的壓力或短暫的不滿，它也同樣會得逞。

話題回到我們的抽菸者身上，毫無疑問地，他們知道抽菸有害人體健康。他們讀過包裝上的警告標語。也許在學校裡，他們看過一張因抽菸多年，而導致肺部受到侵害的照片。他們知道自己即將面臨的所有風險。但他們眼前有一包菸。去他的理性思維，他們非抽那支菸不可。他們那以快樂為導向的情緒獲得了勝利。

生存超越一切。一旦生存本能被激發，所有其他構成了我們心理與情緒的一切都會停下。如果生活中出現攸關生死（或是感覺起來攸關生死）的情況，大腦會把其他的功能全部關掉，把我們變成一台機器，我們所有的思考跟行動都只為了活下去。

為了要避免痛苦的後果，會出現這種做法其實並不讓人意外。你當然會試圖跳開，躲避那輛半翻的卡車；如果不這麼做，你就會喪命。你的大腦系統不會讓你做出後面那個選

④ 佛洛伊德認為人格由本我、自我（ego）、超我（super-ego）所構成。簡單來說，超我即內在的道德規範，受到了社會文化的價值觀影響。自我遵循現實原則，在生物欲望與社會規範之間取得平衡。本我則是與生俱來的本能衝動，完全遵循享樂原則。

擇——它會盡一切的努力，好讓你遠離那輛卡車。

然而，在尋求快樂時，生存法則也可能會來插上一腳——即便我們可能會因此陷入危險的境地。最明顯的例子是食物。假設你人在一家酒吧，有人點了一大盤墨西哥玉米片，上面淋滿了起司、酸奶油、肥肉，和其他一堆可能對你來說不是最好的飲食選擇。你或許有辦法抗拒這盤美食。有些人辦得到。但你又或許辦不到。事實上，早在知道自己做了什麼事情以前，你可能發現自己已經吃掉了半盤。

為什麼呢？因為你需要食物才能存活。而大腦正在告訴你，附近有食物，也許你應該把它吃掉。大腦從來不管你當下還有沒有其他選擇，或者那個食物是否營養。你的生存本能告訴你，是時候該吃這些墨西哥玉米片了。這樣你才能活下去。

問問追求快樂或避免痛苦的動機

享樂原則跟另一個源於經濟學、試圖預測市場與人類購買行為的想法有關：理性選擇理論（rational choice theory）；而有趣的是，能夠體現這種理論的正是經濟人（Homo economicus）⑤。這表示，我們所有的選擇跟決定，都完全出於自我利益，以及渴望盡可能為自己的生活帶來最多的快樂。這個理論可能不總是站得住腳（否則我們就有辦法百分之百地預言市場及股票價格），但它為我們許多動機背後的單純性，提供了更多的支持。

下次認識新朋友，或者嘗試判讀他人時，你可以試試利用追求快樂或是避免痛苦的動機，去看待他們的行為。問問你自己，他們的行為會帶來什麼好處，或是能避免什麼事情——或者兩者兼而有之。

舉例來說，如果你家裡有一個疲累的五歲孩子不想打掃自己的房間，你或許能思考一下背後的快樂跟痛苦，並且自問他們對你的要求會有什麼感受：八成覺得很痛苦吧！一旦你意識到，他們的行為只不過是想要避免痛苦，並且將快樂最大化以後，你就可以採用不同的方式，來表達你的要求。如果你能夠將整理房間變成一場有趣的遊戲，或者你可以把整理房間跟獲得獎勵的想法連結起來，那麼你就是在進行有效的溝通，並且能夠獲得你想要的結果。

當然，你大概很想知道這個理論是否總是適用——答案是否定的。人們能夠練習紀律、克制，以及自我控制。即便面對那些不會立刻獲得的回報，他們也能夠發自內心地去渴望、去著手進行。人們還會去做那些利人不利己的事情。雖然快樂／痛苦原則可能相當適合用來

---

⑤ 其原文編造自智人（Homo sapiens）一詞，意指人是一種唯利是圖的理性動物，只會去追求對自己有利的事物。

當作訓練犬隻的方法，但從道德的角度來看，你八成更傾向於認為自己比狗狗要再複雜一些。

比如說，有數不清的故事，在描述大屠殺的期間，有囚犯被關押在集中營裡，他們自己都快餓死了，卻選擇跟身旁的人分享自己少之又少的食物。毫無疑問地，人們行事的動機受到諸多不同的事物所牽動，而非只有尋求快樂或避免痛苦。這就是為什麼學習讀人術，需要我們把許多不同的模型跟理論都納入考量——單一的模型或理論完全不足以判讀人心。

在下一節中，我們將檢視另一種根基於需求的理論，該理論可以幫助我們更了解那些行事風格脫離了一般快樂／痛苦動力的人，以及背後的原因。

快樂與痛苦會隨時間而改變
快樂
痛苦

需求金字塔

我們渴求人際關係跟友誼。驅策我們前行的，是找到歸屬感跟融入社群。

馬斯洛的需求層次理論（hierarchy of needs），是心理學史上最著名的模型之一。該理論以金字塔的形式，來展現出人類的某些「需求」——比如食物、睡眠跟溫暖——必須要先被解決了，才能進一步去追求愛、成就、使命感等需求。馬斯洛的需求金字塔能讓我們看見，在滿足了生活中每個階段的需求之後，我們的動機會產生怎麼樣的改變與增加，而這通常與我們在金字塔中所處的位置一致。

心理學教授亞伯拉罕・馬斯洛（Abraham Maslow）在一九四〇年代嶄露頭角，他所提出的革命性理論，將人類的一切歸結於一個想法：人類是由一系列基本需求所構成的產物，而這些基本需求沒有得到滿足，即是多數心理疾病的主因。滿足這些需求，是我們每天生活的動力。

如今，以他為名的需求層次結構，描繪出了人類的基本需求跟渴望，以及這些需求跟渴望如何在生命中產生演變。它的功能就像一把梯子——如果你沒有辦法滿足更基本的人類需求與渴望，在壓力跟不滿的影響下，想要繼續前進會變得極其困難。這意味著，根據你在層次結構中的不同位置，你的動機也會隨之產生不同的變化。

為了說明這一點，讓我們來看看自己從嬰兒期到成年期之間，需求及相關聯的動機有什麼樣的變化。嬰兒時期，我們不會感受到任何職業或生命上的需求。我們需要的只有休息、被餵食，以及一個能遮風避雨的地方。有人餵食及存活下去，是我們唯一真正的需求跟渴望（所有新生兒的父母都會這麼跟你說）。

隨著我們從嬰兒成長為青少年，僅僅只是活著跟維持健康，已經無法帶來滿足感。我們渴求人際關係跟友誼。驅策我們前行的，是找到歸屬感跟融入社群。然後，隨著我們長大成人，僅僅擁有一群好朋友，對我們來說已經不夠了。事實上，缺少了大方向的人生，讓人覺得很空虛。

身為一名年輕人時，如果我們有幸能夠為自己跟家人提供經濟保障及穩定生活，那麼我們的渴望和需求就會轉為往外而非朝內。這就是為什麼股神華倫・巴菲特（Warren Buffett）跟微軟創辦人比爾・蓋茲（Bill Gates）等人，會開始參與慈善事業，以期對世界產生重大影響的原因。

取決於你在層次結構中的位置，馬斯洛的需求層次理論的各個階段，準確地說明了你當下的動機。

第一個階段是生理的滿足。這在嬰兒的日常生活中很容易看見。對他們來說，最重要的是滿足基本生存需求（即食物、飲水，以及住所）。缺少這些方面的安全感，任何人都很難專注於其他任何方面的滿足——事實上，對他們來說，尋求其他形式的滿足反而是有害的。所以這是必須首先獲得滿足的基礎層次。

第二個階段是安全。如果某人豐衣足食，又有地方能遮風避雨，那麼他們就要確保這些東西不會消失。他們需要有一個能穩定供給收入或資源的來源，用以穩固而持久地提升他們的安全感。前兩個階段旨在確保個體的生存。不幸的是，由於一些遺憾的情況，導致許多人從未走出前兩個階段，而這就讓你能清楚看見，為什麼他們的注意力不是放在發揮個人的潛力。

第三個階段是愛與歸屬。由於此時已經確保了生存問題，你會發現少了能夠一起分享人生的人，生命會變得相對空虛。人類是社交的動物，而案例研究顯示，無論你有多麼豐衣足食或生活安定，與世隔絕的生活都會導致精神的錯亂跟不穩定。這包括與親友建立充分的社交關係，這樣才不會讓你覺得自己的社交生活有問題。

當然，這個階段對許多人來說，是一個主要的阻礙——由於缺乏能夠創造健康生活方式的人際關係，因此他們無法滿足或專注於更高層次的渴望。由於身邊連一個朋友都沒有，所以他們只能深陷在低層次的幸福感之中，我相信這種情況應該不難想像吧？

第四個階段是自尊。你可能擁有人際關係，但這些人際關係是否健康？能否讓你感受到自信跟支持？

這個階段全部都是關於你與他人的互動如何影響了你跟自己的關係。這個跟精神的成熟度有關的需求層次非常有趣，因為它涉及了自我接納。縱使他人對你有所誤解或徹底討厭你，只要你還能夠自我接納，你就知道自己的自尊心很健康。為了達到這個階段，並且擁有健康的自尊心，你必須累積一定的成就或贏得他人的尊重。你如何跟他人相處並且幫助他人，以及你對自己抱持什麼樣的感覺，這兩者之間會為彼此帶來巨大的影響。

最後一個階段是自我實現。馬斯洛的需求層次理論的最高層次是自我實現。到了這個階段，你的生活目標就可以放在那些超越個人需求、比個人更為遠大的事物之上。你會覺得自己需要往前一步，跟那些不那麼便利及不那麼舒適的原則產生連結。這個層次關乎道德、創造力、自發性、沒有偏見，以及接受現實。

自我實現是金字塔的頂端，因為這是人們最高（也是最終）的需求。在個人能夠抵達這個最終層次之前，他們需要先滿足所有較低層次的需求。一旦你發現跟自己共事的人眼光不是都放在自我利益及個人自尊上，或是沒那麼在乎別人怎麼看待他們時，你就知道他們的需求層次已經到了一個非常高的階段。一旦有人說，他們想要尋找自己的使命或人生目標時，你就知道他們已經來到這個階段了。

觀察生命中的需求階段

馬斯洛的理論或許沒辦法準確地描述我們日常生活中的所有欲望，但它確實為我們生活中的想望提供了一個大致的方向。我們可以透過觀察他人，來知道他們處於生命中的哪個需求階段、現階段的他們覺得什麼重要，以及他們需要什麼東西，才能進入需求層次結構的下一個層級。

想像一下，有這麼一名生活輔導員，她在婦女庇護所工作。她可以利用需求金字塔，來幫助自己決定如何與前來尋求幫助的女性溝通，並且思考介入的方式。她知道，每當有女性初次來到，她主要關心的是自己的人身安全。如果她正在逃離家庭暴力、試圖獲得穩定的收入，或者正在擔心自己孩子的安康，她將不會有辦法坐下來，跟生活輔導員一起按照粗製濫造的自愛手冊去因應現況。與此同時，一個在庇護所中待了幾個月的婦女，她的生理需求獲得了相當大的滿足，但可能處於需要感受到陪伴與歸屬的心理狀態。這名生活輔導員知道自己需要跟對方交朋友，並且給予她支持的力量。

試圖跟這些女性談到較高層次的需求概念，諸如同情並原諒施虐者，或者為自己的人生故事製造意義等等，是完全沒有用的。另一方面，一名經歷過家暴並且恢復狀況良好的女性，可能會有更高層次的需求，而且會為了自己而追尋更多。一個好的生活輔導員會利用這個知識，來建構出與每個人不同的交談方式，並且調整自己的建議跟支持，以符合每位女性更深層的動機。毫無疑問地，這樣的一個生活輔導員會被描述為善體人意。

但是假設有一天，這個生活輔導員遇到一名女性，她被自己的伴侶打得青一塊、紫一塊，但仍然否認自己遭到虐待，並在任何人問到時就會直接轉換話題。這是發生了什麼事？我們將在下一個段落裡探討人們尋求快樂、避免痛苦，並且試圖面對自身需求的一種方式——透過心理防衛機制。

自我防衛

自我防衛是一種討人厭的習慣，但只要你知道它狡猾的行蹤，就很容易認出它的身影。

保護自我免於受到他人的傷害，是我們所做出的行為背後常見的原因。出於許多種原因，我們非常積極地保護自我。為了自保，自我可能會扭曲現實，並可能造成大範圍的不誠實及自我欺騙。因此，這是我們可以用來分析並有效預測他人行為的另一個指標。

在職場上表現不佳的人，可能會覺得有必要將責任推卸給他人，來保護他們對自身能力與才華的認知：「老闆一直找我碴。是誰訓練我的？是他吔！不管怎麼樣，這全都是他的錯。」某個明明絆倒了但又自以為風度翩翩的人，會把過錯推給六天前下的那場雨、鞋子沒有抓地力，還有到底是誰把那顆石頭擺在那裡啊？沒能被選進籃球校隊的人會抱怨教練討厭他們、他們不習慣那種特殊的打法，以及反正他們也不是真的想要進校隊。

一旦自我防衛的手段介入，情況聽起來大概就如上述例子。有太多的辯解跟推卸，很難知道什麼是真的，什麼又不是。

這一切都源於一個普世真理：沒有人喜歡犯錯或失敗。這種感覺很尷尬，而且證實了我們對自己最嚴重的焦慮。與其接受錯誤，從中學習，我們當下寧願逃避恥辱，縮在角落。這也是為什麼我們有時明明知道自己錯得離譜，卻打死都要繼續爭辯。如果自我具備形貌，它會是巨大、敏感、層層防衛（已經到了要展開攻勢的地步）的——壓根就是一隻巨型豪豬。感受到危險時，自我沒有興趣或時間去考量現實。相反地，自我會嘗試用最快的方式去減輕不適。這意味著你會對自己撒謊，以維持自我的安然無恙。

我們試圖掩蓋真相、轉移注意力，或者製造出另一個版本的真實，好讓實際發生的事情看起來不那麼傷人。而正是在那一刻，不誠實誕生了。那些曲曲折折的論點真的經得起任何的檢視嗎？多半沒辦法，但問題是自我不允許你去承認或分析真相。它讓你變得盲目。

讓我們把情況搞清楚：這些謊言並非你憑空揑造或預先虛構。你不是要刻意欺騙自己。你根本不覺得那是謊言。你或許甚至不知道自己在說謊，因為有時這些防衛機制是在不知不覺中運作。它們並非因為你想要自我欺騙而刻意展現出不誠實。相反地，它們是常年神經質的自我所採取的自動化策略，因為看起來很傻或犯了錯的感覺很糟。十分不幸又非常悽慘的是，這意味著你不知道自己不知道什麼。

隨著時間過去，這些由自我所驅動的思維錯誤，會影響你的整個信念系統，並為了幾乎所有的事情提供一個合理的藉口。你進不了任何校隊，因為教練總是討厭你；你一直考不上駕照，因為你的手眼協調能力萬中選一。

這些謊言構成了你的所有現實，你仰賴謊言來解決難題，或者放棄努力去尋找真相。我們正在討論的事情，可不是為了「為什麼你不是小提琴大師」找藉口；這種思維方式可能會成為一種驅動因素，影響你對任何事、任何人的決定、思考，以及評斷。

因此，如果你正在努力去理解一個似乎沒辦法說出「我錯了」的人，那麼現在你就可以確切地知道他們的腦子裡在想些什麼。或許他們自己不知道，但至少你能夠更深入地去分析他們。

心理盾牌高高舉起

讓我們以弗瑞德為例。弗瑞德一輩子都是一名流行歌手的狂熱粉絲。他聽著這名歌手的歌長大，對歌手的崇敬構成了弗瑞德的許多性格面貌。我們指的是，弗瑞德的臥室牆面上貼滿了這名歌手的海報，而他的衣櫥裡也掛滿了這個明星的服飾複製品。

在這名歌手的職業生涯後期，由於犯下嚴重的罪行，歌手遭受了審判。弗瑞德堅定地支持自己的偶像，哪怕法院記錄員將駭人聽聞的犯罪細節都告知了媒體。「我這麼崇拜的人，絕對不可能犯下這種罪行，」弗瑞德說；「所有的這一切，都只是那些基於某種理由而憎恨他的人，所羅織而成的陰謀。」

這名流行歌手最終被判有罪，處以多年的監禁。弗瑞德出現在法院的外面，他的手上拿著一個抗議標語，表達自己的歌手是無辜之身。即使最後媒體發布了具說服力的證據，弗瑞德仍堅稱這名流行歌手絕對是無辜的；他無視於所有被害人的說法，抗議說那些人只不過是「妒忌」以及「他們只是想藉這個機會讓自己成為紅人而已」。

為什麼弗瑞德會不顧所有合理而有所本的證據，繼續堅稱自己的偶像是無辜的？因為他的自我是如此沉浸於他對那位流行歌手的崇拜之中，以至於更傾向於認為該歌手毫無過錯。對他來說，要讓他相信事實，無異於會摧毀他所相信的幾乎所有事物（我竟然會崇拜一個罪犯？人們會怎麼看待我？），而自我不會讓這種事情發生，哪怕只有一分鐘——縱使這表示會讓他否認掉這個明星犯罪的事實，以及否認掉那些令人信服且不可動搖的犯罪證據。

在追求真相跟明晰思維的過程中，你的自我會像那隻憤怒的豪豬一樣忽然冒出來。自我設置了一系列的戰略性防護罩，來阻止你去學習那些可能會擾亂你的信念系統的東西，而唯有在你有辦法控制住自己的自我之後，才有辦法敞開心胸去學習。畢竟你沒有辦法在捍衛自我的同時，還去學習新的事物。

心理防衛機制是我們保護自我、自信，以及自尊的特定方式。情況嚴峻的時候，這些機制能保持我們的完整性。這個術語的起源來自西格蒙德．佛洛伊德。

這些所謂的防衛機制，也能讓你極為有效地去預測他人的行為，並且讓你能夠深入了解人們為什麼會從事特定的行為。防衛機制有許多種不同的形式，但其中有一些常見的模式，你會很容易在他人身上看見。（希望你也會在自己身上看見！）只要自我覺得它不同意、無法面對，或者希望眼前的事情不是真的，這些心理盾牌就會高高舉起。

失落、拒否、不確定、不適、屈辱、孤獨、失敗、恐慌……所有的這一切，都可以透過某些心理技巧來防衛。這些機制可以保護我們免於受到負面情緒的影響。它們會在事情發生的當下，立刻發揮作用；但是長遠來看，這些機制是無效的，因為突然冒出頭來的它們，剝奪了我們去面對、接受，以及消化掉這些無可避免的負面情緒的機會。

想當然耳，如果你能夠觀察到某人正在採取防衛機制，就能夠立刻推斷出關於他們以及他們的世界觀的許多資訊，尤其是關於那些他們發現自己沒辦法處理的事情。也因而能告訴你很多事情，包括他們如何看待自己、他們的優勢跟弱點，以及看重什麼東西。讓我們透過具體的例子，來看看一些防衛機制。你或許會認出他的女兒安娜•佛洛伊德所提出的兩種防衛機制：否認跟合理化。

否認與合理化

否認作用是最為典型的防衛機制之一，因為它很容易使用。假定你發現自己的工作表現不佳。「不對，我不相信這份員工排名報告。我不可能是最後一名。絕對不可能。電腦在加總的時候把分數算錯了。」

貨真價實的真相，被輕而易舉地宣稱是假的，彷彿這麼做能讓一切都消失無蹤。你表現得彷彿令人消極的事實並不存在。有時候，我們會沒有意識到自己這麼做，特別是在情況異常嚴峻的時候。事實上，對我們來說，那些真相變得如此虛妄不實。

只要經常說「不對」，等到了一個限度之後，你或許就會開始相信自己，這就是否認型謊言的魅力所在。你實際上正在改變自己的現實，而其他防衛機制，則是讓事實變得更容易接受。事實上，這是最危險的防衛機制，因為即便出現了重大的問題，這個問題也會遭到忽視，永遠不會解決。如果某個人持續堅信自己是一個出色的司機，那麼哪怕過去一年發生了一連串的交通事故，他們也不大可能會想辦法去精進自己的駕駛能力。

合理化作用，指的是找藉口去解釋負面的事情。

這是找藉口的藝術。不良行為或現實依然存在，但這些情況都被轉化為某種不可避免的事情，因為情況超出了你的掌控力。最重要的是，任何負面的事物都不是你的錯，你也不應該為這些事情負責。這絕對不是在指責你缺乏能力。這麼做非常方便，唯一能夠限制你的，只有你自己的想像力。

我們再用一次剛剛那個工作表現不佳的例子，用以下的說法就能輕而易舉地解釋原因：老闆暗中討厭你、同事密謀對付你、電腦對你的軟技能（soft skills）⑥有偏見、影響你通勤時間的亂無章法的交通狀況，以及你一次被指派兩件工作等等。你的自我可以利用這些站不住腳的藉口來保護自己。

所謂的合理化作用，正是那則講述了酸葡萄的寓言故事的體現。一隻狐狸想要拿到樹叢頂端的一些葡萄，但他卻怎麼也跳不了那麼高。為了安慰自己缺乏跳躍力，並且讓拿不到葡萄的自己好過一些，他告訴自己，反正葡萄看起來很酸，所以他沒有錯過任何東西。他仍然很餓，但他即使挨餓，也不願承認自己的失敗。

合理化作用，還可以幫助我們在做出了糟糕的決定之後，平復我們的心情，只要使用諸如這樣的句子：「無論如何，這件事情遲早都會發生。」合理化能夠確保你永遠都不用去面對失敗、拒絕，或者消極的情緒。犯錯的永遠都是別人！

在平復心情的同時，現實跟真相跑哪裡去了呢？多半都消失了。你要先戰勝自己喜好不誠實的天性，才能夠達到誠實的境界。由自我保護所支配的思維，跟清楚而客觀的思維，無法同時並存。

抑制轉移、投射

與合理化作用密切相關的是**抑制作用**。如果現實難以否認或是無法否認，人們會使用抑制作用，來將思緒或感覺推離意識之外，直到「遺忘」的程度。彷彿那個帶來威脅的情緒從未存在。類似的例子，或許是遭到虐待的孩子。因為那段記憶太痛苦了，又加上沒辦法自助，他們可能會把那段記憶推到遠方，讓自己永遠都不用去面對。

有時候，自我不喜歡過於強烈的情緒，但它真正無法接受的，是該情緒的起源。在這種情況下，**轉移作用**可能會出現，以防止不愉快的真相浮出水面。一個女人可能從事她討厭的工作，但實際上又沒辦法離職。簡單來說，她無法表達，甚至無法承認自己痛恨這份工作，

⑥ 社會學術語，相對於意指「完成任務所需要的知識、能力」的硬技能（hard skills），也稱爲非技術性技能（non-technical skills）。軟技能指的是人際關係方面的特質跟能力，例如合作能力、領導能力、靈活思維、溝通能力、熱愛學習等等。

因為這會讓她驚慌失措地注意到自己的財務困境。

不過，她可能會做的，是把這樣的痛恨轉移到其他地方。她可能每天回到家以後就會踢狗，或者對孩子大小聲，深信讓自己生氣的是他們。將自己的憤怒情緒轉移到寵物或孩子身上，要比直接面對憤怒背後的真正原因要來得簡單，風險也更低。

投射作用也是防衛機制的一種。如果不了解它的本質，可能會造成相當大的傷害跟混亂。在這種情況下，我們會將自己不想要的及不接受的感覺，投放到某人或某事上，而不是將這些感覺視為自己的一部分。我們沒有意識到自己的「陰暗面」，而將之投射到他人身上，將我們的缺點歸咎到他們身上，或者在他們的行為中看到我們自己的缺陷。

我舉一個例子。一個男人出軌了，他無法接受自己的行為，卻沒有自我譴責，而是把這種羞愧感投射到他（困惑的）伴侶身上，並突然懷疑起她的行為，指責她對他隱瞞了一些事情。

一個公然恐同的男性，後來被揭露為同志的案例，如今已經普遍到幾近滑稽。背後的心理防衛機制可能正是**反向作用**。否認作用只會說：「這件事情不可能。」而反向作用則更進一步宣稱：「這件事情非但不可能，而且情況恰恰相反。瞧！」

一個女人可能因為剛剛被診斷出癌症而感到恐懼，但她沒有承認自己的恐懼，而是跟每個人展現出自己的勇敢，向其他人宣揚死亡不足為懼。

在情緒面臨劇烈的紛擾時，你可能會發現自己**退行**回一個更單純的時候（例如童年時期）。年輕時，生活更簡單不費力——為了應對令人不安的情緒，我們之中的許多人會回到過去，以「幼稚化」的行徑來因應。一名男子可能因為稅款的錯誤申報，而面臨一些法律問題。他沒有選擇好好面對，而是對著自己的會計師大吼大叫、「耍脾氣」地用拳頭敲打桌面，然後在人們試圖跟他講道理時把嘴巴嘟得高高的。

最後，我們來到**昇華作用**。一如投射作用跟轉移作用是把負面情緒投放到他人身上，昇華作用是把那樣的情緒引導至一種不同的、更適當的宣洩方式上。一名單身男性可能覺得隻身一人在家裡難以忍受，於是將那沒有獲得滿足的需求，引導至每週有四個晚上投身慈善活動。一名女性可能收到了一些壞消息，但她沒有心煩意亂，而是回到家以後開始大規模地徹底清掃。一個人或許慣於將恐慌跟焦慮轉化為虔誠的祈禱等等。

自我防衛是一種討人厭的習慣，但只要你知道它狡猾的行蹤，就很容易認出它的身影。有時候，我們對此無能為力；我們終究不過是凡人。但我們可以透過利用它明顯的性質來分析他人，讓它成為我們的助力。

重點整理

● 我們已經討論過，利用人們的情緒跟價值觀來分析並且預測他人的行為，可是動機呢？事實證明，有一些顯著而相當普遍的動機模型，能夠為你提供一個可以用來理解他人的有用框架。一旦可以查明他人背後的動機，你就可以看見所有的一切都能直接或間接地回溯到動機上面。

● 任何關於動機的討論，都必須從享樂原則談起，意即表示我們通常會趨向快樂，遠離痛苦。如果你仔細想想，會發現這個原則在我們的日常中無所不在，從小事到大事都一樣。因此，這實際上使得人們的行為更容易預料及理解。人們在尋求怎麼樣的快樂？人們在避免怎麼樣的痛苦？快樂原則總是以某種方式存在。

● 接下來，我們談到了需求金字塔，也就是亞伯拉罕・馬斯洛的需求層次理論。這個理論指出，我們在生活的各種階段中，尋求各類型的需求；如果你能夠觀察到人們處於哪個階段，就能夠明白他們在尋求什麼，以及他們背後的動機。需求層次的結構依序為：生理的滿足、安全、愛與歸屬、自尊，以及自我實現。當然，這個模型，乃至於下一個模型，都一樣根基於享樂原則。

● 最後，我們來到自我的防衛機制。這是我們最強大的動機之一，但大多時候是無意識的。簡單來說，我們會採取行動來保護自我，免於受到那些會讓我們覺得自己沒那麼好的感受的影響。在採取了防衛機制之後，由於它實在太過強大，因此使得我們能夠扭曲現實，並且欺騙自己跟他人——而我們完全意識不到自己做了這些事。我們利用防衛機制來逃避責任跟負面情緒，而防衛機制包括否認作用、合理化作用、投射作用、昇華作用、退行作用、轉移作用、抑制作用，以及反向作用，這只是其中的幾種而已。如果你知道自我介入了，防衛機制出現的可能性會大於其他的動機。

第二章

身體、臉部，以及一系列行為

人們的表情跟肢體語言會在不經意之間揭露出最深層的自我。

我們總傾向於認為，不論是透過什麼方式，人們總會在無意間流露出自己真正的想法跟感受。人們可以嘴裡說得天花亂墜，但大家都知道「事實勝於雄辯」，人們的表情跟肢體語言會在不經意之間揭露出最深層的自我。事實上，我們隨時隨地都在交流，不斷往外傳遞我們的意圖與感受等資訊──但只有一小部分是透過言語。

想要判讀他人，最常見的做法，就是實際觀察人們的動作和行為。我們似乎會自然而然地透過觀看人們的肢體動作，來判讀他們腦子裡正在想些什麼，而也有大量的科學證據支持這樣的說法。外在的表現，能告訴你許多關於這個人的感受、動機，以及恐懼，縱使他們很努力地想要隱藏。換句話說，身體不會撒謊！

然而，這種理解他人動機的方法並非萬無一失。在跟他人互動並試圖理解他們做某事背後的動機時，做假設一定要很謹慎。我們都只是個體，情境非常重要。儘管我們可以使用各種方法來判讀他人的表情跟肢體語言，但要記住，僅憑單一項資訊並不足以「證實」任何事情。一言以蔽之，要想透過表情跟肢體動作來判讀一個人，你需要綜觀在面前開展的整齣戲碼才行。

請看我的臉

真的可以單純透過觀察他人的鼻子一抽或眉毛一皺，就能夠解讀他們最深層的感受嗎？

讓我們從一九六〇年代的賀加德（Haggard）及艾薩克（Isaacs）談起。他們在治療患者的期間，拍攝了一些夫妻的臉孔，並且注意到，有些細微的表情只有在慢速播放的時候，才看得出來。後來，保羅・艾克曼將之擴展成他自己的微表情（microexpressions）理論，並出版了一本書《說謊》（Telling Lies）。

我們都知道如何判讀大表情（macroexpressions）——那些持續時間最長達四秒的臉部動作——但也存在更快速、短暫的表情。這些表情出現的時間極短，沒有經過訓練的話很容易漏看。艾克曼認為，臉部表情其實是生理反應。就算身邊沒有人在看，你還是會做出各種表情。他發現，不論對方來自什麼文化，你都可以透過他們臉上所流露出的微表情，來準確判讀他們的情緒——就算他們試圖隱藏，或甚至他們自己沒有意識到自己的情緒時，都是如此。

透過研究成果，他相信微表情是某些肌肉群自發性的細微收縮。這些肌肉群都與特定的情緒有關，而且不論教育、背景、文化期待是否不同，每個人的表現方式都一樣。這些微表情的速度可能快到只出現三十分之一秒。但是留意並且理解這些微表情所代表的意義，就有辦法迅速穿透人們的話語，明白人們更深層的真實感受與想法。大表情在一定程度上可能是偽裝或誇大的，但微表情被認為是更真誠而難以假裝，或者暗示更私密或快速變化的情緒。

在大腦裡面，有兩條神經路徑跟臉部表情有關。第一條是錐體束（pyramidal tract），負責的是自發性的表情（也就是指多數的大表情），以及錐體外束（extrapyramidal tract），負責的是非自發性情緒的臉部表情（也就是微表情）。研究人員發現，如果個體經歷強烈的情緒狀況，但又承擔必須控制或隱藏這種表情的外部壓力，那麼這兩條神經路徑都會呈現出活動狀態。這表示它們正在彼此抗衡，而相對於非自發性的表情，更有意識也更自發性的表情則握有主導權。然而，某些真實情緒的細微表情有可能會「洩漏」出來——在以這種方法判讀他人時，這就是你要去尋找的東西。

那麼究竟要如何學習怎麼判讀這些表情呢？真的可以單純透過觀察他人的鼻子一抽或眉毛一皺，就能夠解讀他們最深層的感受嗎？

微表情的判讀分析

根據艾克曼的說法，有六種人類共有的情緒，都有相應的細微臉部表情。開心的呈現方式，是兩頰抬高，嘴角向上並向後提起。皺紋出現在眼睛下方、上嘴唇與鼻子之間，以及眼角處。換句話說，我們都熟悉的普通微笑動作，也存在於微表情的層次。

暗示悲傷的微表情也一如你的預期。眼角及嘴角下垂。下唇甚至會顫抖。眉毛可能會形成一個明顯的三角形。至於厭惡的情緒，則是上唇揚起，可能伴隨著人中一帶及前額出現皺紋。眼睛可能會變窄，雙頰則是上揚。

憤怒時，眉毛會變低並繃緊，角度通常是朝下。眼睛也會緊縮，嘴唇則可能噘起或僵硬地張開。雙眼銳利地瞪視。另一方面，恐懼會導致類似的收縮，不過角度是往上。嘴巴可能開可能閉，但一定是緊繃的，而上下眼皮都會抬高。最後，驚訝或震驚的表現方式是高高的眉毛——造型是圓形，而非悲傷時的三角形。上眼皮抬起，下眼皮下拉，雙眼大張。有時候，嘴巴也會保持張開的狀態。

如你所見，微表情跟大表情所牽動的肌肉沒有太大的差異；主要的差別在於速度。然而，艾克曼證實了，這些肌肉收縮的速度快如電光石火，以致人們很容易忽略：百分之九十九的人都不會察覺到這些微表情。儘管如此，他也聲稱人們可以透過訓練來注意到微表情，特別是學會辨識出說謊者，這是心口不一的經典案例。

艾克曼宣稱，他可以在三十二小時之內傳授這套技巧，但對於我們這些充滿好奇、想把這些判讀原則實際運用在生活中的人來說，要開始運用並不困難。首先，要尋找出嘴巴說的話，跟實際透過臉部表情所傳達出來的情緒之間的差異。舉例來說，某人可能口頭擔保並承諾，卻很快就表現出恐懼的表情，傳達出了他們真實的立場。

其他典型的說謊指標，包括極力保證自己所說的話童叟無欺時，卻微微地聳肩。搔抓鼻子、把頭側向一邊、迴避眼神接觸、語氣含糊不定，以及常見的坐立不安，都在在表示某人的內在現實與外在所呈現出的並不完全一致——也就是說，他們可能在撒謊。

值得一再重申的是，這個判讀方法並非萬無一失，而且多數研究都無法找出肢體語言、臉部表情，以及欺騙行為之間的密切關係。單一動作缺乏任何意義。後來的許多心理學家也都指出，微表情所呈現出來的差異事實上表示這個人不舒服、緊張、有壓力，或是緊繃，而非意在欺騙。

然而，如果搭配其他判讀工具使用，並且同時考量當下情境，那麼微表情分析法也可以變得很強大。誠然，你會需要全神貫注地盯著對方看，並且以一種對正常的社交場合來說，會讓人不舒服而且過於明顯的方式觀察他們。你還需要剔除掉大量的不相關資訊，並決定哪些動作可以判讀成「干擾」，或者說是無意義的個人怪癖。

無論如何，缺乏必要訓練的人，辨識說謊者的能力奇差無比——縱使他們覺得自己在判斷他人是否說謊時的直覺相當可靠。這表示說，如果你能夠理解且貫徹微表情理論，那麼哪怕只增加了一點點的判讀準確度，也可能會帶來巨大的影響。微表情或許微乎其微，但它依然算是一個資料點。

每一次觀察，就累積一個資料點

所有這些揭穿說謊者的談論，可能會使這種技巧看起來相當鬥志旺盛又偷偷摸摸，但艾克曼小心謹慎地指出，「謊言」跟「欺騙」可能也只不過表示說話者隱藏了某種情緒，並非必然帶有任何惡意。扮演偵探和揭露他人的祕密情緒固然很吸引人，但在現實生活中，使用微表情分析術有點像是在執行犯罪現場調查：電視上演的總是比實際生活中出現的再厲害一些。此外，培養微表情分析術這個技能的目標，並不是要讓我們可以對朋友跟同事說：「被我抓包了吧！」而是為了增強我們的同理心跟情緒智商，並且加深對周圍的人的理解。

如果你不相信可以利用微表情來偵測對方說謊與否，那麼另一個觀點是，不要去尋找謊言，或者以時間長短來分類各種表情，而是去查看某種表情通常會傳遞出什麼訊息。接著，根據情境，以及表情跟口頭說出來的話之間的差異，你就可以得到自己的結論。

緊張的表現方式，通常是嘴唇緊繃，或者嘴角往耳朵及背部的方向急速抽動。嘴唇或下巴顫抖、眉頭緊皺、兩眼瞇細，以及嘴唇往內收，也可能表示這個人覺得緊張。如果有一個你認識的人，平常都鎮定自持，但在他們跟你說一個你不怎麼相信的奇聞軼事時，你忽然留意到他們臉上出現了大量的這些小跡象，你可能會推斷出，基於某種原因，他們跟你說這件事的時候很緊張。無論這是因為他們在說謊，或單純只是因為這段敘述讓他們很不安——只有你有辦法根據情境來下判斷。

一個感到不喜歡或不認同的人，可能會噘緊嘴唇、翻白眼、眼皮稍稍顫動，或者皺起鼻子。他們也可能會稍微瞇起眼，或者像卡通裡的壞蛋逼視英雄那樣瞇著眼、閉上雙眼，或者微微「冷笑」，略帶不屑的表情。如果有個人打開你送給他們的聖誕禮物，然後立刻做了上述的所有表情，你可能會想要假定他們不喜歡這個禮物，縱使他們說自己喜歡。

那些正在面對壓力的人，可能會找到一些小方法來釋放壓力，使得他們即使在多數情況下看起來很平靜，仍會暴露出自己真正的情緒。抑制不住的快速眨眼，以及重複性的動作諸如臉頰抽搐、咬舌頭，或者用手指觸碰臉部的某些部位，都可能表示某人在特定情況下感受到壓力。如果某人正在接受面試，或者正在因為涉及犯罪行為而遭受偵訊時，這些動作都很可能會出現。但如果你是在看似平靜的情況下，發現對方產生了這些動作，那或許更值得關注。這種差異性給了你一個暗示，即一切或許不像表面上看起來那麼風平浪靜。

也要注意臉部表情的不對稱。自然、自發、真誠的情感表達，往往是對稱的。強制、虛假，或者衝突的表達方式，則往往不是。同樣地，要試著把你所看到的畫面，放入情境之中來判讀，並且以人的全身動作來判斷，包括其他的肢體語言。

請記住，分析臉部表情，是一種深度了解他人的有效方法，但也並非萬無一失。你的每一次觀察，都只構成一個資料點，並不能證明任何事情。技巧在於盡可能地蒐集大量的資訊，並藉此判讀眼前出現的整體模式，而非單靠一、兩個跡象就驟下判斷。出於這樣的原因，使用微表情的最佳方式，是把它當成其他方法與工具的補充材料。

保羅・艾克曼的微表情
六種人類共有的情緒

開心時

兩頰抬高，
嘴角向上並向後提起。
皺紋出現在眼睛下方、
上嘴唇與鼻子之間。

悲傷時

眼角及嘴角下垂。
下唇顫抖。
眉毛成三角形。

厭惡時

上唇揚起，
前額出現皺紋，
眼睛變窄，
雙頰上揚。

憤怒時

眉毛變低緊繃，
眼睛緊縮，
嘴唇僵硬張開，
雙眼銳利。

恐懼時

嘴巴可能閉或張開，
上下眼皮抬高。

驚訝震驚時

高高的眉毛，
造型是圓形，
雙眼大張。

身體會說話

你在閱讀非言語跡象方面的能力愈強，就愈可能明白這些跡象基本上都是肢體性的，以及它們所陳述出的、我們共通的演化歷史。

舉例來說，要學習判讀並理解他人，肢體語言的強大功用或許不輸臉部表情。畢竟臉部只是身體的一部分。既然人的各種姿勢跟整體動作也能傳遞出強而有力的訊息，為什麼要只拘泥於臉部呢？前聯邦調查局探員喬·納瓦羅（Joe Navarro）通常被視為該領域的權威。他利用自己的經驗來教導他人：人們就算沒有開口，也會透露出大量的資訊（即他所謂的「非言語溝通」）。

納瓦羅來自古巴，八歲移居美國後，不得不學習英語。抵美後，他很快就意識到人的身體是「一塊宣揚自身想法的大型廣告牌」。在職業生涯中，他不斷提到要學習去發現人們的「徵兆」——那些暗示某人不舒服、有敵意、很放鬆、很害怕的小動作。

跟臉部表情一樣，這些徵兆可能暗示欺騙或謊言，但主要表示某人不舒服，或者他們的感受跟表現之間存在著差異。理解了肢體語言的運作原理後，我們不僅可以開拓跟他人溝通的新管道，還可以留心我們自己的身體，以及我們可能在不知不覺之間傳遞給他人的訊息。

首先，重要的是去明白非言語溝通是內在的、生物性的，以及演化的結果。我們對某些事情的情緒反應迅疾如電，無論我們想要與否，都會自然而然地產生。重要的是，這些情緒反應會透過肢體的停頓跟移動來實際表現出來，可能導致自己傳遞出數以千計的非言語訊息。

負責這些自發性反應的，是我們大腦中更原始、更情緒化，或許也更誠實的部位，也就是緣腦（limbic brain）。雖然前額葉皮質（負責更需智力及抽象思考的部分）距離我們的身體稍微遠一點，並且更受意識所控制，但它也是能夠說謊的部位。但即便人們可以說謊，身體卻總是說實話。如果你能夠覺察到人們的手勢、動作、姿勢、觸摸的模式，甚至他們的衣著，你就可以更直接地去理解到他們的真實想法與感受。納瓦羅宣稱，無論如何，大多數的交流都是非言語的——這意味著，你因為沒有把肢體語言納入考量，而自發性地錯過了大部分的訊息。

請想想，交流是從非言語開始的。在我們最早的歷史中，早於語言發展出來之前，人類極有可能是透過手勢、簡單的聲音、臉部表情，來彼此溝通。事實上，嬰兒從出生的那一刻起，就會本能地運用臉部神情來表達自己的寒冷、飢餓，或是害怕。我們從來都不需要去學習如何判讀手勢或理解語調——因為非言語溝通是我們最初的溝通手段，並且可能仍是我們偏好的溝通方式。

想想看所有那些你已經將非言語溝通視為理所當然的溝通方式——無論是表達愛意或是表現憤怒。即便你沒有意識到，我們所有人都依然透過非言語管道來處理大量的資訊。了解如何判讀這類的資訊，你就可以確定是否有人正在打算欺騙你，或者是否有人正在試圖向你隱瞞他們的感受跟真實意圖。

你先前很有可能已經聽過「戰或逃」（fight-or-flight）反應了，但其實還有第三種可能性：僵住。更重要的是，這些對危機產生的反應可能很不明顯，但儘管如此，它們表達出了不安跟恐懼。我們的祖先在躲避掠食者或敵對部落時，可能會表現出戰或逃反應，但那些危機本能可能跟著我們走進了會議室或教室之中。

再次說明，緣腦負責這些恐懼反應。某人如果被質問困難的問題或是被迫做出困難的抉擇，他們看起來或許就會像是一頭被車頭燈照到的鹿。他們可能會把雙腳緊緊靠住椅子，身體僵硬地固定在那個位置（這就是僵住反應）。另外一種可能是，將身體離開那個被視為帶有威脅性的東西。有個人可能會拿一樣東西放在自己的大腿上，或者將他們的四肢朝向出口的方向（逃跑反應）。最後，第三個人可能會「戰鬥」。這種對恐懼所產生的攻擊反應，可能會呈現為挑釁、口頭爭吵，或是採取威脅的姿態。

事實上，你在閱讀非言語跡象方面的能力愈強，就愈可能明白這些跡象基本上都是肢體性的，以及它們所陳述出的、我們共通的演化歷史。在過去，我們可能會透過某些手勢來抵禦攻擊，或者用非常明顯的動作跟表情，來表示自己即將攻擊另一個人。如今，我們的世界變得非常抽象，會讓我們感受到威脅性的東西多半是言語跟概念——但古老的神情、恐懼、挑釁、好奇等等表現機制依然存在，只是呈現的方式較不明顯。

思考「安撫行為」背後的意思

讓我們來思考一下所謂的「安撫行為」。這些行為可以讓你深刻洞察到，對方正處於壓力、不確定，或是感受到威脅的狀態。基本上，安撫行為正如它的字面所描述的——在面對一些感知到的威脅時，我們（無意識地）試圖自我安撫的行為。感受到壓力時，緣腦可能會迫使我們做出一些旨在讓自己平靜下來的小動作：碰觸額頭、磨蹭脖子、撥弄頭髮，或者兩手緊握，所有這些都是意圖緩解壓力的行為。

頸部是身體脆弱卻相對暴露的部位。想想那些攻擊性很強的人會說的「把脖子給我洗乾淨」，你就會明白喉嚨跟頸部是如何被人無意識地感覺為一個可以進行致命攻擊的地方。因此，有人無意識地遮蓋或撫觸這個部位，就表示他們正在內心糾結、情緒不適、心理不安，這樣的說法很有道理。男性可能會比女性更頻繁使用這個動作；男性可能會擺弄自己的領帶或擠壓脖子的頂部，而女性則可能會把手指放在胸骨上切跡（兩邊鎖骨之間的凹處）的地方，或是緊張地把弄項鍊。

留心這種行為，你就會注意到它能夠即時揭露某人的恐懼跟不安。某人可能說了些有點咄咄逼人的話，而另一個人的反應是身體微微向後傾斜、雙臂交叉、一隻手放在喉嚨上。當下注意到這些，你就可以推斷出這番話引起了一些恐懼跟不確定。

同樣地，磨蹭或碰觸額頭或太陽穴，可能表示情緒紛擾或不知所措。用手指快速敲擊，可能表示感受到短暫的壓力，而雙手長時間地抱住頭部，可能意味著極度痛苦。事實上，你可以將任何的自我摟抱、撫觸，或是磨蹭的動作，視為一個人需要自我安撫的實際線索。覺得緊張或害怕的時候，人們可能會碰觸臉頰、撫摸或舔舐嘴唇、按摩耳垂，或是用手指撫摸頭髮或鬍鬚。

然而，安撫行為不單只有撫觸或磨蹭這類動作。鼓起臉頰並大聲呼氣，也是一種能夠釋放巨大壓力的動作。你有沒有留意過，有多少聽見壞消息，或是死裡逃生的人，會做出這樣的動作呢？一個意料之外的釋放壓力反應是打呵欠——這不是表示無聊，而是身體在承受壓力的時候，會忽然希望能吸入更多氧氣，這種行為甚至在其他動物身上也會出現。「清理腿部」是另一個自我安撫的動作，這個動作包含了由上而下擦拭腿部，彷彿在清洗或是擦掉灰塵。如果這種動作是藏身在桌面之下，那麼你可能會看不見，但如果你有留意到，這種動作是在強烈表示遭遇壓力狀態下的自我安撫意圖。

「透透氣」可能是另一種你不常關注的行為。注意看看，有人會把他們的襯衫領口從脖子的地方拉開，或者把頭髮從肩膀上甩開，彷彿想要幫身體降溫。他們可能覺得不適或緊繃。雖然這也可能只是因為環境因素帶來的不適，但更有可能是一種對內在緊繃及壓力產生的反應，想要為自己的情緒「降溫」。

最明顯的安撫行為之一，看起來就像一位母親可能會為了安撫年幼的孩子而做出的動作：擁抱自己的身體，或是摩擦自己的肩膀，彷彿是要驅走寒氣。上述的這兩種動作，都表示一個人感覺受到威脅、擔憂、不知所措——這些都是用來保護身體的無意識姿勢。

這是貫穿所有肢體語言理論的重要基本原則——四肢跟手勢可能表明自己無意識地試圖保護並防衛自己的身體。只要想到軀幹內包含所有身體的重要器官時，你就會明白為什麼緣腦在感知到威脅時——哪怕只是情緒性的威脅——會做出反射動作，來保護這個區塊。

對他人的要求十分不情願，或者那些覺得自己受到攻擊或批評的人，可能會交叉雙臂，彷彿在說：「走開」。爭吵時，把雙臂高舉到胸前，是一個典型的阻擋姿勢，就彷彿兩人之間的唇槍舌劍是貨真價實的兵器，使得我們會無意識地出現阻擋反應。同樣地，下垂、鬆軟的雙臂，可能表示失敗、失望，或絕望。這就好像身體明確地表達出心中的情緒：「我做不到。我不知道該怎麼辦。我放棄。」

讓我們更進一步吧。想像一下，有個人雙臂大張地站在桌子上。你會不會立刻就想到一隻在宣告領地的動物呢？敞開而開闊的姿勢，表示自信、堅定，甚至居主導地位。如果一個人雙手叉腰站著，他們的軀幹就會暴露在外。這是一種強而有力的表達方式，表示他們有信心佔用該片空間，並且至少沒有感受到威脅或不安。

其他表示自信跟堅定的動作，包括全世界的政客跟商人的最愛：「塔狀手」。兩手的指尖互相抵住，形成一座小小的尖塔。這是典型的談判手勢，表示你對自己的權力及地位感到自信、鎮定和確定，彷彿雙手只是在休息，並平靜地盤算下一步行動。

另一方面，雙手緊握跟彼此揉搓，都很有可能表示感覺無法掌控狀況或者懷疑自己的能力。同樣地，這也是一種旨在釋放緊張情緒的安撫動作。雙手是我們用來在這個世界帶來改變並且展開行動的工具。當我們坐立不安、雙手緊握或握緊拳頭時，表示我們對自己的能力感到不安及缺乏自信，或者發現自己難以自信地展開行動。

那麼雙腿呢？由於雙腿可能隱藏在桌子下面，所以我們經常忽略它們的動作，但雙腿跟腳掌也是有效的情緒指標。「快樂腳」會彈跳跟抖動——另一方面，彈跳的雙腿搭上其他緊張或安撫動作，可能表示過度緊張又精力充沛，或者是不耐煩……或喝了太多咖啡，你要自己判斷。腳趾朝上可以被視為「微笑」腳，表示積極、樂觀的感受。

察覺身體語言的直覺性

理所當然地，生理上來說，我們的雙腿跟腳掌專事做出各種動作。忙個不停的腳，可能暗示著一種沒有表達出來的行動渴望，無論是實際上或是比喻上！也有人說，腳掌會指向人們不自覺想要去的方向。雙腳腳趾都轉向談話對象，可能表示「我很專心；我的心思有放在這場談話中」，而雙腳指向出口，則可能是這個人其實更想離開這裡的線索。

關於某人想移動、離開，或逃跑的其他線索，是諸如抱膝、前腳掌上下搖晃，或者站著的同時雙腳有點躍動等姿勢——所有這些動作，都隱隱透露出某人的腦袋已經無意識地「發動引擎」，想要展開行動了。這可能表示他們對各種可能性感到很興奮，並且希望儘快付諸行動，或者他們可能對目前的狀況感到強烈的厭惡，幾乎是真的想要「跑走」了。再次重中，情境很重要！

雙腿和腳掌也能夠揭露負面情緒。蹺腳，一如雙臂交叉，可能表示感受到了威脅或不適，因此想要自我區隔或者自我保護。蹺起的腳通常會往我們喜愛與相信的人的方向傾斜——並且遠離我們不喜歡的人。這是因為雙腳可以被用來當作屏障，因此能夠用來阻擋或歡迎在場的其他人。在調情的時候，女性可能會讓鞋子掛在腳尖上，然後再讓腳滑入鞋內，接著再讓鞋從腳跟的地方滑開。若不要太去考慮佛洛伊德的看法，展示腳和腿的動作，可能表示跟某人在一起覺得很舒服，甚至覺得很親密。另一方面，腳掌跟膝蓋牢牢不動，可能是僵住反應的一部分，表示某人真的不喜歡當下的狀況或另一個人。

所以在討論了臉部、雙手、雙腳及腳掌，還有整個軀幹之後，還有什麼能談的嗎？事實上，還有很多能談。作為一個整體，身體可以展現出某種姿態、維持某種姿勢，或者遠離或靠近其他人。下次遇到新朋友，你可以俯身與他們握手，然後觀察他們的全身。

如果他們「立定不動」，並且沒有移動，這表示該情境、你，以及他們自身，都讓他們感覺很舒適。退後一步或者整個身體及雙腳都轉向，表示你可能離他們太近了，讓他們覺得不大舒服。他們甚至有可能靠近一步，那就表示他們對於跟你的接觸感到開心，甚至可能打算加深這段情誼。

基本原則非常明顯：覺得舒適、開心，或者佔主導地位時，身體就會擴張。覺得不開心、恐懼，或者受到威脅時，身體就會收縮。身體會朝向喜歡的東西靠近，對討厭的東西則會遠離。向一個人傾身，可以展現出同意、舒適、調情、放鬆，以及感興趣。同樣地，交叉雙臂、轉身、向後傾，以及將蹺起而緊繃的雙腳當作屏障，則表示一個人無意識地想要離開某個自己不想要的東西，或者打算自我保護。

那些在公共交通工具上張開雙手雙腳的人又是如何？他們覺得放鬆、安心，以及自信。（讓人覺得很煩，對吧？）相反地，那些盡可能把自己縮成一團的人，可能表示缺乏自信跟堅定，彷彿他們總是努力想要佔用更少的空間。同樣地，挺起胸膛、張開雙臂、姿態咄咄逼人的人是在表示：「看看我是多麼巨大！」而在爭吵中會聳起肩膀、「龜縮」成一團的人，則是用非言語的方式說：「拜託不要傷害我！看看我是多麼地渺小！」

我們不像住在森林裡的大猩猩，會在激烈的爭論中捶打胸膛——但如果仔細觀察，你可能仍然會發現這種更原始行為的微弱線索。那些會佔據空間並且進一步擴張領地的姿勢，都與優越感、堅定跟權威有關。雙手叉腰、帝王般地背著手（不覺得會讓人想到皇室成員或者不畏他人攻擊的、很有威嚴的士兵嗎？），或甚至靠在椅子上時，把兩手手指交叉，放在頭的後面——這些動作都表示舒適跟握有主導權。

在開始意識到他人的肢體語言後，要先自問，他們的動作、手勢跟姿勢是收縮還是擴張。是看得見對方的臉孔，抑或是臉孔被遮住了？手掌跟手臂是否張開，並且自在地遠離身體，或者四肢閉縮又緊繃？眼前那張臉的五官是皺成一團，還是自在又開闊？下巴是高舉（表示自信）或是收起（表示不確定）？

想像一下，你無法用任何文字來描述自己眼前的一切；只是觀察。你眼前空間裡的這具軀體是既放鬆又舒適嗎？或者從對方的四肢來判斷，這人是有些緊繃、緊張、不安呢？

一旦注意到之後，你會發現大部分的肢體語言表現方式都很直覺。這是因為，我們每一個人其實都已經能夠很流暢地進行各種肢體語言的判讀。這麼做，只不過是讓我們自己暫時不去強調言語，轉而將注意力放在人與人之間的交流上，去關注那些總是不斷流動的大量非言語資訊。沒有一種非言語資訊是真正隱而不顯的。相反地，問題在於，沒有人教導過我們這個溝通管道的存在。而唯有注意到這個溝通管道，我們才能對來自該溝通管道的資訊，抱持接納的心胸。

去關注那些總是不斷流動的
大量非言語資訊。
沒有一種非言語資訊
是真正隱而不顯的。

將資訊整合

在與他人的互動過程中，增添了這個額外的面向會豐富你的人際關係，並讓你能夠更深入地去了解自己的人際衝突與緊張局勢。

我們如何利用得到的所有資訊，來真正幫助我們有效「判讀」他人，甚至去理解那些人們或許刻意試圖隱瞞的動機、意圖、感受呢？值得立刻記住的是，要發現他人欺騙的意圖，並不如某些人告訴你的那麼容易，而且正如我們所看到的，也不是什麼只要找到一個跡象，就能一勞永逸地證明對方一定在撒謊，沒這麼簡單。眾所周知，門外漢跟專家一樣，都不擅長閱讀肢體語言，儘管我們現在擁有了與該主題相關的大量資訊。

但是訣竅其實在於，一旦你觀察之後，接下來要如何判讀。有一個人雙臂在胸前交叉，這是表示他們在撒謊、不開心、恐懼……抑或只是覺得冷？竅門在於，不要只利用一、兩個線索或徵兆去判讀，而是要透過大量的資訊，去形塑出一個更全面性的行為圖譜。要準確地「發現謊言」之所以如此困難，是因為與欺騙相關的手勢跟表情，通常與表示壓力或不適的手勢跟表情沒有什麼不同。

那麼，考量到所有這一切，判讀肢體語言這件事情，是否值得我們學習呢？絕對值得。在與他人的互動過程中，增添了這個額外的面向會豐富你的人際關係，並讓你能夠更深入地去了解自己的人際衝突與緊張局勢。明白另一個人的狀況，能讓你的溝通能力更進一步，並且能看出人們的真實感受，而非只聽信對方自己的說法。

肢體語言的跡象無所不在。每個人在一天之中，無時無刻不在進行非言語交流。而你不單有辦法即時觀察到這些資訊，還能學會如何正確地將之整合及判讀。你不需要是一個專家，也不需要有傑出的能力。你只需要用一種自己過去可能從來沒有採取過的方式，來關注你的人類同胞，並對他們抱持一顆好奇的心。在發展肢體語言的判讀技能時，先記下一些關鍵原則，或許會有所幫助：

建立常態行為

對談中的一、兩個動作沒有太多意義。那些動作可能是偶發的，或是純粹生理的。但你愈知道某人的「常態」表現，你就愈能假定任何常態表現之外的行為，都值得你更仔細關注。如果某人總是擠眉弄眼、噘嘴、抖腳或是清喉嚨，你就或多或少能忽略掉這些動作。

尋找不尋常或不一致的行為

所謂的判讀他人，正是關乎判讀行為模式。要特別注意對方的不尋常線索。突然擺弄頭髮及避免眼神接觸，可能是告訴你有事情正在發生，尤其如果此人在正常情況下從來不做這些事情的話。隨著時間前進，你可能會發現到至親密友身上的「徵兆」──他們可能總會在撒謊的時候皺鼻，或是在假裝不害怕的時候過度清喉嚨。

重點是，要密切注意那些看起來不協調的手勢與動作。相較於只觀察非言語溝通，觀察言語溝通與非言語溝通之間的差異，能夠讓你知道更多資訊。我舉一個明顯的例子：有一個人扭緊雙手、搓揉太陽穴、大聲嘆息，卻說：「我很好。沒事。」讓你知道這個人正在隱藏痛苦情緒的不是他們的動作，而是他們心口不一的事實。

蒐集大量資訊

正如我們所看到的，某些收縮身體的行為，可能只是因為寒冷、疲累，甚至生病所導致，而擴張身體的動作不一定關乎自信，更可能是覺得溫暖並且想要驅寒。這就是為什麼千萬不要僅憑單一動作就去判讀。永遠都要以一系列的線索去思考。

如果你看見了什麼東西，可以留意，但不要立刻得出任何結論。看看他們後來是否再次那麼做。注意他們的其他動作，有些動作或許能夠證實你之前的看法，而有些動作卻證明了相反的可能性。檢查同一行為在不同情境中，或在與其他人交流時，是否再次出現。花點時間，認真去分析你面前行為背後的完整面貌。

尋找鏡像行為

需要記住的一個重點是，某些動作在某種情境下或展示給某人看時，代表某種意義，而在面對另一種情境或另一個人時，卻有不同的意涵。換句話說，某些動作實際上只有在你跟此人交談時才會出現。如果你跟某人不是非常熟，有個快速判讀肢體語言的捷徑，那就是單純去留意不論對方做出了什麼動作，那個動作是不是回應了你所做的動作，也就是鏡像行為。

鏡像行為是人類的基礎本能；我們傾向於去回應及模仿我們喜歡或同意對象的行為及表情，而若我們不喜歡此人，或對對方抱持負面看法，就不會這麼做。如果你正在跟一位新客戶開會，或許會注意到，無論你的語氣多麼友善，或者無論你多常露出微笑及做出大方、溫暖的動作，他們卻都報以冷淡又閉縮的動作，沒有回應你的樂觀情緒。在這樣的情況下，動作本身並不重要；事實上，他們的心胸沒有敞開，這表示你正在與之打交道的人不願接納、帶有敵意，或者擔驚受怕。

注意能量的流向

這可不是什麼亂七八糟、稀奇古怪的想法：處於群體之中時，只要注意大家的意圖、精力跟注意力都放在誰身上。關注能量的流向。有時候，群體的「領袖」有名無實；真正的權力核心可能落在他處。要看到這一點，只需看看房裡的人會把多少的注意力跟關注放在寶寶身上就知道了——寶寶說的跟做的都極少，然而卻引起了在場每個人的關注。同樣地，在一個家庭裡，父親可能是名義上的「領袖」，而他可能會透過各種動作跟大聲說話，來鞏固這樣的看法。但認真去看，你就可能會發現，大家服從的對象一直都是他的太太，而每個家庭成員可能會透過肢體語言來表示，雖然口頭上大家都認同父親的地位，但事實上母親的需求才是擺在第一優先。

說話最大聲的人，未必是最握有權力的人。透過觀察能量的流向，可以理解一個群體中的權力運作。誰最常說話？大家都在跟誰說話？他們又流露出怎麼樣的態度？誰似乎總是「焦點」？

請記住，肢體語言會不斷變化

說話時，語言的內容並非只是用文法串在一起的文字。而是在於我們如何陳述。我們說的話是多或少？什麼語氣？語句是長而複雜或短而簡潔？我們的說法是試探性的，就像一個問題，或者是有自信的，彷彿在陳述一段已知的事實？我們的說話速度是快或慢？聲音是大或小？是清楚或含糊？

一如言語的資訊會依照不同的溝通方式而產生變化，非言語的資訊也會有所不同。肢體動作並非一成不變，而是會隨著時空變化的、活生生的表現方式。要即時觀察資訊的流動狀態。去觀察表現方式如何因應環境與環境中的人而產生改變與不同。別只想著要「逮住」某個小動作，而是要去觀察動作的改變過程。

舉例來說，看看一個人的走路方式。走路就像一種姿勢，只不過是動態的。蹣跚、緩慢的步伐，表示缺乏自信，而輕快、迅速的步伐，則表示樂觀及興奮。把注意力放在一個人如何在對話中回應他人，或者他們如何跟掌權的人說話。一旦開始留心，你就會訝異地發現，有多麼豐富的資訊就在那兒等著被人注意到。

情境就是一切

最後，值得我一再重申的是：沒有肢體動作是憑空存在的。非言語溝通需要將與之相關的一切全納入考量——一如言語溝通。建立起行為模式，並且去學習一個人的行為會隨著時間的推移、不同的情境、不同的交流對象，而產生哪些變化。要去思考當時的狀況及周遭環境——在說出結婚誓言或接受大型採訪時，流汗或口吃的行為是可以被諒解的；但如果是在被要求解釋為什麼要偷翻別人抽屜時出現了同樣的行為，那就有點可疑了。

請記住，每個人都有自己獨一無二、異於他人的性格。在分析他人個性時，要考量以下現實：他們的個性是內向或外向、可能偏情緒化或理性、對於風險跟逆境的承受度可能是偏高或偏低、面對壓力時可能會成長或凋萎、可能自動自發又漫不經心或者目標導向又相當嚴肅。我們無法隱藏或抗拒自己演化而成的本能衝動，但根據我們個性的獨特性，這些衝動可能會產生出略顯不同的、形式上的差異。

的確，判讀臉部表情與肢體語言，是一項需要時間和耐心才能掌握的技能。想要了解人類的深層動機沒有捷徑，也沒辦法取巧。然而，記住上述各項原則，並且專注磨練觀察力，你很快就能學會看見並理解自己先前可能錯過的各種細膩行為，哪怕是最微小的漣漪和顫動，都逃不過你的法眼。我們生活在一個以文字跟言語為主要溝通方式的世界。然而一旦你著手學習非言語溝通，毫不誇張地說，你就等同於向一個截然不同、有時甚至很奇怪的世界，敞開了一扇大門。

判讀肢體語言的關鍵原則

01 建立常態行為

02 尋找不尋常或不一致的行為

03 蒐集大量資訊

04 尋找鏡像行為

05 注意能量的流向

06 請記住，肢體語言會不斷變化

07 情境就是一切

判讀法則——人的身體具不可分割的完整性

人類是一個內外不可分割的整體，也就是說，言語跟非言語其實是一體兩面。

大家都聽過一則未經查證的統計數據，聽起來有點接近：「與他人交流時，你有百分之九十的訊息其實不是透過言語。」在我們的想像中，溝通主要關乎語言、符號、聲響與聲音，以及頁面上的圖案，而創造語言的那個人，則是會佔據實際空間的另一個個體。

但事實上，言語跟非言語之間、媒介與訊息之間的界限，總是有些模糊。

在前面的部分中，我們已經明確思考過如何「判讀」一個人，甚至超越了他們刻意選擇要傳達給你的內容。換句話說，你不僅只是在聆聽他們傳遞出來的訊息，更是去聆聽他們整個人，彷彿你可以閱讀並且解讀他們的身體。

在討論看破他人的欺瞞或隱藏的真實情緒時，我們有一個假設：一個人的內心感受，必然會透過某種外在形式顯露出來。這是因為我們本能地明白，人類是一個內外不可分割的整體，也就是說，言語跟非言語其實是一體兩面。字詞與發聲的嘴唇之間到底有什麼區別？身體與動作之間又有什麼不同呢？

這樣的說法看起來有些抽象，但事實證明，如今有一項有趣的研究，支持這樣的觀點：整體來說，溝通可以被視為人類全身性的表達。首先，你有沒有在跟人講電話的時候，立刻就能察覺到對方是否面帶微笑？客服中心的經理會告訴下屬，客戶能夠透過電話「聽見微笑」，但是你覺得為什麼我們辨得到這件事呢？

一旦我們去想，聲音並非抽象符號，而是人體所進行的、實實在在的生理活動，你就會明白了。

荷蘭拉德堡德大學（Radboud University）唐德斯研究所（Donders Institute）的研究員維姆・鮑爾（Wim Pouw）於二〇二〇年時，在美國國家科學院院刊（Proceedings of the National Academy of Sciences of the United States of America，簡稱為PNAS）上發表了一些有趣的發現。令他感興趣的主題，對我們來說似乎是種出於本能的理解：手勢和表情可以幫助我們更理解交流的內容——事實上，有時區區一個手勢，就可能是促使我們理解訊息的基礎。

在一項實驗中，鮑爾要求六個人發出簡單的聲音（例如「啊——」），但在他們說話的同時，卻搭配不同的手臂動作跟手勢。接下來，他讓其他三十名受試者只聽該聲音的錄音檔。令人訝異的是，受試者們能夠猜到發聲者當下搭配的動作，甚至受試者還能模仿發聲者的動作。受試者可以說出是什麼樣的動作、在什麼地方做出那個動作，甚至發聲者的手勢動得有多快！

他們是怎麼辦到的？鮑爾的論點是，人們能夠在無意識的情況下，感應到聲調與音量細微而重要的變化，以及語速的改變，乃至於搭配的不同動作。在做出一個動作時，你的全身都會參與，包括你的聲音。換句話說，聽到他人的聲音時，你其實在聆聽的是說話者身體的諸多面向。

說話時，聲音的振動會穿透你全身的結締組織，但如果我們同時使用身體的其他部位做出各種動作，就會導致肌肉產生不同的張力，而我們可以透過聲音來聽出這些身體的細微改變。這項特殊技能的好處在於，你不一定需要透過訓練才能獲得，而是只要留意到它的存在即可。你八成從來沒想過自己可以透過講電話，來練習判讀他人的肢體語言，但是你辨得到——只要你明白聲音也是人體的一部分就行了！

單單聲音本身，就是一個極其豐富而值得研究的人類行為的一環。聽見他人來自另一個空間的聲音時——無論是透過錄音檔或是講電話——，閉上你的雙眼，想像說話者的身體在做什麼，而該姿勢或動作可能暗示了什麼。毫無疑問地，你也能夠透過聲音聽出對方的年齡跟性別，但你還可以透過對方的口音或字彙，來推斷出他們的種族或國籍。

聆聽他們的語速、音色、音量、音高跟自制程度。對方的呼吸狀況怎麼樣？他們如何用字遣詞，以及這些字詞之間是相輔相成抑或彼此矛盾？舉例來說，在電話上，某人可能跟你說，某件事情讓他們有多興奮，但他們緩慢而拖沓的聲音，可能在暗示他們無精打采、縮成一團——並且嚴重誇大了他們的興奮。

以一系列行為來思考資訊

這麼做，將使得我們更快也更容易蒐集到多個資料點，同時找出行為模式，而非過度解讀單一動作或表情。

讓我們將自己的注意力從個人的肢體動作是否帶有特定意義或暗示這樣的想法跳開，轉而依據身體在與他人交流時所傳遞出的整體訊息來思考人類的行為模式。舉例來說，如果我們感受到敵意跟攻擊性，這樣的態度跟意圖會顯現在各個層面，從言語到行為到神情到聲音都是。與其試圖去想像攻擊性的各種可能顯現方式，我們可以把注意力專注在攻擊性一事上，並且去觀察由此而生的一系列行為。

攻擊性的明確顯現方式是對峙的動作，或是針對特定目標的積極而有力的動作。顯示出侵略性，同時不斷接近另一個人的動作，可能表示試圖主導、控制，或是攻擊。口語上的表現方式可能是羞辱或嘲弄，肢體上的表現方式則可能是站得太近，或甚至展示或暴露自己，彷彿藉此顯現自己具優勢的力量。攻擊性是帶有目標的、突然而有影響力的動作，就好似整個身體緊緊抓住單一的意圖。

另一方面，**堅定**的肢體語言同樣有力，但沒有這麼直接。這個人的立場很堅決，也就是穩固自信、不偏不倚、流暢而公開地表達出自己的渴望。帶有攻擊性的人可能會大吼大叫，而堅定的人可能只會透過聲音中的剛毅，來陳述自己的事務。

順從的肢體語言是烘托他人——其表現方式為「彎腰駝背」、自我保護的動作，讓此人的身形更顯渺小，伴隨些許的安撫動作，諸如過度微笑、一動不動、輕聲細語、眼神朝下，或擺出脆弱或不具威脅性的姿勢。

這種表現方式跟真正的**開放和接納**不同。自在而友善的人，會散發出放鬆的信號——敞開而沒有交叉的雙手及雙腳、不設防的表情、輕鬆的談話，或甚至鬆開或脫掉外層的衣物來表現出不拘禮節。

這有點像是**情愛關係**的肢體語言，差別在於對另一方有情慾的人，也會表現出各種強調親密度的行為。行為的重心會放在感官表現（碰觸另一人或自己、精心打扮、撫摸、緩慢的言行、溫暖的微笑）以及彼此的連結上（長時間的眼神接觸、拋出各種問題、認可對方觀點、鏡像行為）。這種濃烈的感知行為，就是在邀請對方縮短彼此之間的距離。

欺騙的肢體語言，是任何具備緊繃特質的表現。欺騙是兩種事物的衝突——舉例來說，某人明明相信某事，口中卻道出另一套說詞。去尋找這種不一致產生的緊繃感。你要去注意焦慮、閉縮的肢體語言，以及分心的狀態。（畢竟他們正在處理那些不想讓你知道的額外資訊！）去注意一個似乎正在努力控制自己，並且焦慮的人。

透過去觀察全面性交流背後的意圖，我們就會開始將身體視為一個需要整體判讀的對象。這麼做，將使得我們更快也更容易蒐集到多個資料點，同時找出行為模式，而非過度解讀單一動作或表情。要把全身上下的表現都納入考量——四肢、臉部、聲音、姿勢、軀幹、穿著、頭髮、手部及手指，一切都不放過。

你看到一系列閉縮、防禦性的動作嗎？有人試圖展現出權力、力量跟掌控力嗎？或者他們只是很有自信？你面前的人是在試圖表示自己值得信賴嗎？或者他們擁有某樣能夠賣給你的珍寶（業務員的肢體語言）？抑或他們是以敞開而尊敬的態度在問候你呢？

整體來說，留心下列全身性的行為模式：

- 雙手或雙腳交叉、肢體閉縮、封閉姿態——可能表示防衛、懷疑、害羞
- 四肢擴展、身體展開、周身鬆懈——表示友善、舒適、信任、放鬆

- 身體前傾、言行犀利、態度直接——可能表示主導、控制、說服
- 精心打扮、身體碰觸、溫柔輕撫——表示情愛意圖
- 引人注目、動作突兀、展示力量、聲音宏亮——意味著精力充沛或暴力意圖，有時則是恐懼
- 重述你的話語、表示同意、鏡像行為——表示尊敬、友善、崇敬、順從

更廣泛來說，可以用更大的方向來看待整體的行為表現及溝通交流——掌控、壓抑、自持、退縮、失控、緊繃等等。如果你遇見一個渾身上下似乎展現出力量跟控制（意圖掌控）的人，你就能以此為判讀基礎，進而更容易理解所有其他較小的資料點——雙手緊握、雙唇緊閉又噘起、眉頭緊皺、呼吸短促，彷彿壓低了聲音、語調尖銳、快速眨眼……

他們的身體正在對你發送一個清楚而一致的訊息：緊張。某件大事正在發生，而他們努力試圖保守這個祕密。進一步的情境線索能夠讓你知道，這是一次令人不適的招認、一個謊言，抑或只是一件他們羞於跟你分享的事。

重點整理

- 終於深入核心了。我們要如何只透過觀察眼前事物來判讀並分析他人？我們討論了兩個主要方面：臉部表情及肢體語言。值得留意的是，雖然許多層面經過科學證實（基於生理反應），依然不能說這種簡單的觀察百發百中。我們做不到萬無一失，因為需要將太多外在因素納入考量。但是我們可以更明白要注意哪些典型的表現，以及可以一點一滴地從中獲得哪些資訊。
- 我們會利用兩種臉部表情：微表情跟大表情。大表情廣泛、緩慢、更顯著。大表情也經常是有意識地創造出來的、虛假的。微表情的特色與大表情的特色完全相反：難以置信的短暫、幾乎無法察覺，而且是無意識的。心理學家保羅・艾克曼發現了六種基本情緒的一系列微表情，他也特別發現了能夠指認出緊張、說謊、欺騙等情緒的微表情。

● 肢體語言的判讀有更廣泛的可能性。整體而言，放鬆的身體會佔據較大的空間，而焦慮的身體則會閉縮，並且想要隱藏及安撫自己。由於牽連諸多細節，想簡明扼要說清楚並非易事，但請記住，想要分析他人的肢體語言，唯一正確無誤的做法，就是先要明確知道他們正常情況下的舉止。

● 要把所有線索拼湊起來，我們需要判讀從頭到腳的表現，並留心能夠彼此結合統整，傳達出一個整體訊息的一系列行為。聲音可以被視為身體的一部分，並透過判讀肢體語言的方式去判讀。注意他人言行中各種不一致而且格格不入的跡象或暗示，倘若你能發現更多的線索，那麼就能再次確認，對方可能正在試圖隱瞞什麼事情。然而，一如先前所言，你挑揀出來的這些跡象，也很可能毫無意義，因此一定要確保你擁有足夠的資訊來支持自己的結論。

第三章

人格科學與類型學

如果能夠掌握這些關於人格的基本原則，
那麼你就應該會對人類的行為有相當透澈的理解，
或許甚至得以洞燭機先跟未卜先知。

一如我們可以將一個人的言行舉止或其他任何形式的溝通行為，理解為他們利用全身去直接表達一樣，我們也可以將人格納入其中的一環。人格可以被視為長期存在的行為模式。你或許會將特定動作或聲調判讀為某某意義，可是同樣的動作或聲調如果一而再、再而三地經常出現，那麼到一定程度之後，就會開始融入他的性格之中。

隨之而來的是，如果對這種終生持續的一般行為有一些了解，我們就能獲得更多背景資料，來幫助我們隨時隨地都能夠理解特定行為的意涵。在心理學術語中，人格通常被理解為個人特徵的獨特融合，意即他們在多種態度連續量表（attitudinal continuum）上的落點。

多數人格理論的焦點都放在人們的基本差異上——如果能夠掌握這些關於人格的基本原則，那麼你就應該會對人類的行為有相當透澈的理解，或許甚至得以洞燭機先跟未卜先知。

測試你的人格類型

你或許得以在他人身上認出這些人格特質，並進而去理解他們的動機及價值觀。

我認為，如果要充分地討論人格特質跟性格的分析，那就一定要深入研究五大人格特質（the Big Five personality traits），以及邁爾斯—布里格斯性格分類法（Myers-Briggs Type Indicator，簡稱為ＭＢＴＩ），再搭配凱爾西氣質類型分析（Keirsey Temperaments）。這些分類測試都具備一定的準確度，能夠讓你直接理解某人的人格特質。

只有極少數的人會擁有這麼多用來判讀或分析他人的知識，但請容我再次強調，能夠多獲得幾個可以用來評斷他人的不同方式很值得。你或許得以在他人身上認出這些人格特質，並進而去理解他們的動機及價值觀。

到了人生的某一個時間點時，你很有可能已經做過一些人格測試、職涯測試，或者人際關係測試，藉此來更了解自己。談到分析他人，這些測試其實沒辦法幫助我們太多。利用這些人格測試，幾乎違背了我們藉由實際觀察他人行為來分析他人的目的。但這些測試確實能夠為我們的思維提供大量的薪火，讓我們明白要注意哪些特質，以及人與人之間有何差異。

或許你已經遇過這麼一個人，對方曾經試圖依據五大人格特質來評斷你的性格。一如先前所說，這個人格理論將人的心理狀態區分為五種廣泛的特質。這五個簡單的因素，可以讓你回答那個你一直以來都在尋思的、極其複雜的問題：讓你之所以是你的原因為何？而又是什麼讓他人之所以為他人呢？

五大人格特質

每個特質都有兩個極端，而縱使我們或許不想承認，但每一個人都在一定程度上具備了所有這五種特質。

這個理論可以追溯至一九四九年，是由D・W・菲斯克（D.W. Fiske）發表的一項研究所提出。此後，這個理論愈來愈受歡迎，並在接下來的日子裡受到了眾研究者諸如諾曼（Norman一九六七）、史密斯（Smith一九六七）、哥德堡（Goldberg一九八一）、麥克雷與柯斯塔（McCrae and Costa一九八七）等人的論及。這個理論不是依據生活經驗及個人動機來對你進行整體的評斷，卻是將你簡化成五個特質：**經驗開放性**（openness to experience）、**盡責性**（conscientiousness）、**外向性**（extroversion）、**親和性**（agreeableness），**以及神經質**（neuroticism）。五個特質的開頭第一個字母可以合為OCEAN（海洋），方便記憶。

你可能以前就已經聽過這些了。一些名詞像是內向或外向如今到處都聽得見，但它們真正的意思又是什麼？它們是光譜的兩端。每個特質都有兩個極端，而縱使我們或許不想承認，但每一個人都在一定程度上具備了所有這五種特質。這個理論認為，我們人格的獨特之處，取決於這五種特質的強弱差異，以及這五種特質距離光譜上兩個極端點的距離。

經驗開放性

五大人格特質中的第一個特質，決定了你冒險或勇於嘗試新事物的意願高低。你有玩過高空跳傘嗎？收拾行囊，飛越半個地球，沉浸在一種嶄新的文化裡呢？如果你對這兩個問題的答案都是十足的肯定，那麼你的經驗開放性得分應該很高。你會尋求未知的事物。

在這個項目得分高的人，性格非常開放，既好奇又有想像力。他們會尋求嶄新的冒險跟經驗。他們可能很容易就會覺得無聊，轉而運用創造力去發現新的興趣，甚至是各種需要膽量才能參與的活動。這種人很有彈性，會在日常生活中尋求多樣化。他們會避免按表操課的生活。而在光譜的另一端，那些經驗開放性得分低的人，偏好持續跟穩定勝於改變。比起同齡的人，他們更實際、理性、循規蹈矩。他們的字典裡沒有改變兩個字。

在現實世界中，多數人都落在兩個極端之間，但找出自己在光譜上的位置，能夠揭露出許多你的真實樣貌以及長處。

例如，你的夢想是成為執行長或是所在領域的領頭羊嗎？經驗開放性跟領導能力有關。如果你能夠接受新的想法、跳出框架，並快速適應新形勢，就更有可能成為一名出色的領導者（Lebowitz，二〇一六）。

在一九七三年的時候，正是蘋果的共同創辦人賈伯斯（Steve Jobs）決定旁聽一門英文書法課，使得蘋果電腦能在多年之後推出開創新局的排版樣式。在當時，沒有人把電腦跟美麗的字體連結起來，但是賈伯斯洞燭機先。他欣然擁抱書法課程，試圖改變人們對電腦的看法，同時敞開自己，接受嶄新的未來。

盡責性

這是讓你小心謹慎的人格特質。你會對自己的所作所為保持警覺，並且經常會在做決定時三思而後行，尤其是在事情偏離預設的計畫之時。

盡責性高的人往往非常專注於他們的目標。他們會先計畫、專注於手邊待辦事項的細節，並且遵照自己的規劃走。他們更能夠控制自己的衝動、情緒、行為，從而能將更多的精力集中在事業的成功上。雖然他們的生活或許不像同儕那麼勇於嘗試，但他們活得通常比較久，部分原因歸功於他們更健康的生活習慣。

在光譜的另一端，不那麼盡責的人往往衝動行事跟漫無章法。他們會因為過多的框架而失去動力，可能會拖延重要的工作，並且自制力較差。這可能會引起更多的自毀性習慣，例如抽菸或藥物濫用，而且什麼事情都做不好。控制自己的衝動，對他們來說絕非易事。

你有多盡責呢？你是否喜歡工作時的日程安排，但一回到家還是會發現自己逃避運動呢？你可能會在某些層面很盡責，例如日程規劃或待辦事項等，但其他層面就不怎麼盡責，例如做運動或其他的健康習慣。在盡責性的光譜上，多數人落在中間左右，但如果你能找到方法，讓自己能夠更接受一些計畫跟秩序，你就更有可能成功。

跟盡責性相關聯的，包括受訓後獲得更大成就（Woods, Patterson, Koczwara & Sofat，二〇一六）、工作效率更佳（Barrick & Mount，一九九一）、工作滿意度更高，以及職場上更位高權重與收入較高（Judge, Higgins, Thoresen & Barrick，一九九九）。索爾茲（Soldz）與華倫特（Vaillant）一九九九年的研究也發現，盡責性的得分較高，有助於人們更容易適應生活中無可避免的挑戰。

盡責性是一帖人人都需要的良藥，能夠讓我們防患未然。

外向性

這是定義我們的外向程度或社交能力高低的人格特質。外向的人很顯眼。他們是派對的核心人物，精力充沛，也是聊天高手。只要身旁有人，外向的人就精力無窮，他們也會在他人的注目下生龍活虎。正因如此，他們維持著廣泛的交友圈，並且利用每一個機會去認識新朋友。

相反地，性格內向的人則經常發現，外向的行為會讓自己筋疲力盡。如果有機會待在家裡胡思亂想，為什麼要把時間耗費在試圖跟一大群人聊天呢？性格內向不等同於害羞；他們只是喜歡獨處勝於社交，或者喜歡平穩勝於混亂。

你是希望辦公室裡的派對永遠不要結束，還是覺得派對才開始一小時就讓你疲累不堪？你是喜歡去認識新朋友，還是更想要窩在家裡抱著一本好書？你是晨型人，抑或你總在太陽下山後才真的醒來？

如果你通常是最後一個離開社交聚會的人、你喜歡跟人在一起，並且在深夜精力充沛，你的外向性得分應該很高。相反地，如果你害怕參加派對，寧可單獨一人待在家裡，而且偏好在明亮的陽光中早早醒來，開始自己的一天，那麼你多半性格內向。

依據每一天的情況，你可能傾向於外向或內向。不過整體來說，人們通常處在兩個極端的中間。

親和性

這個人格特質，能夠表示你有多善良及富有同情心，以及你在跟他人相處時有多熱情及善於合作。

你是否傾向於對他人及他們所遇到的問題有濃厚的興趣？看見他人遇到困難時，你是否也會感同身受？如果你善解人意、關懷他人、樂於助人，那麼你可能是一個非常和藹可親的人。你會感受到他們的痛苦，從而想為他們做點什麼。

相反地，比較不具親和性的人，可能會發現自己對他人的生活較沒興趣。相對於嘗試跟他人合作去解決難題，他們可能更寧願自己一人單打獨鬥。他們之所以不那麼具親和性，是因為他們決定要完全照自己的方法做事。由於這樣的天性，他們可能經常被認為粗暴無禮或是討厭鬼。

對於自己願意為他人做多少，或是跟他人合作的意願高低，我們每個人都有自己不同的限度。那個限度就影響了你在親和性光譜上的得分。

為什麼有些人如此和藹可親呢？其原因仍然有待商榷。對部分的人來說，他們是真的關心他人的幸福。對其他人來說，他們是迫於人際壓力及社會規範。背後的動機之一，可能是害怕後果。有些和藹可親的人之所以會那樣行事，是因為他們非常害怕衝突。無論原因為何，研究顯示，親和性高的人鮮少殘忍、無情、自私（Roccas, Sagiv, Schwartz & Knafo，二○○二）。如果你正在尋找能讓自己開心一些的方法，那麼弄清楚自己的親和性高低，或許是個不錯的開始。

神經質

我們都經歷過疑神疑鬼的時候。你認為同事在抓你的小辮子。你焦慮到夜不成眠。你覺得自己彷彿掉進了伍迪・艾倫（Woody Allen）⑦的電影之中。但如果你發現自己焦慮不安的日子比開朗正向的日子還要多，那麼很有可能，在五大人格特質的最後一項，也就是神經質這個特質上，你的得分很高。這個人格特質，主要就是衡量你情緒穩定度的高低。它所表示的，是你在對抗焦慮、不安、不斷分心的情緒時，能夠維持穩定與平衡的能力。

⑦ 美國當代名導，曾獲奧斯卡金像獎。其所拍攝的電影經常具備幽默、荒謬、焦慮等風格。

神經質的人往往以高度的焦慮去面對日常生活。他們比多數人更憂心，情緒轉換得很快，彷彿沒來由。這樣的行為使得他們容易感受到壓力，或甚至憂鬱。

那些較不神經質的人，他們的情緒往往較為穩定。壓力臨頭時，他們面對起來也較得心應手。悲傷的情緒偶有，但頻率極低。無論可能將面對什麼樣的事情，他們也會覺得沒有什麼好擔心的。

你是否發現自己會用幽默感去應對挑戰，或是難題往往會讓你感受到壓力呢？你是否時時刻刻都能保持鎮定，或者你的心情從好到壞只要一眨眼的時間呢？如果處之泰然是你的日常，而且一整天通常只有一種情緒，那麼相比於其他人，你很有可能較不神經質。但如果你在短時間之內會產生多種情緒，而且焦慮的時間比不焦慮的時間多，那麼你很有可能更傾向於神經質。

然而，神經質倒也不是全無益處。畢竟，就是因為擔心身體健康，我們才會每天吃維他命，並且去醫院做健康檢查。在這樣的情況下，因神經質而引發的焦慮，或許反而真的能夠讓人在許多方面獲得優勢。

說到這邊，我們已經談了五種經過科學檢驗的主要人格特質，讓你得以用來評斷他人。舉個例子吧。你有了一個新的事業夥伴，而其他人已先警告過你，這個人真的很粗魯，很難共事。在對談的時候，你確實注意到對方有點冷淡又直白，似乎並不遵守社交禮儀。跟對方共事一個月之後，你明白這個問題主要源自其人格特質——無論面對何人，無論處於何種情境，他的行為模式都不會產生變化。

你記住了這件事。下次開會時，你提出了一個有點爭議的想法。你的事業夥伴似乎立刻表現得有點敵意跟不信任。他的雙手交叉，微微皺眉。

其他人可能會以為，這個肢體語言意味著直接否決他們所提出的想法，但是你明白這是這個人的人格特質，也就是他的基礎行為模式，因此你可以判讀出這個行為背後的本質：一切照舊。你繼續堅持自己的建議，直到你的夥伴終於熱切地同意。你對這樣的結果並不感到意外，縱使他一開始看起來相當嚴厲又惜字如金。

透過這樣的使用方式，人格特質因而成為另一個（強而有力的）資料點，能夠幫助你解讀並理解此刻面前的資訊。其他類似的人格特質判讀工具是邁爾斯—布里格斯性格分類法（簡稱為ＭＢＴＩ）跟隨後的凱爾西氣質類型分析。

榮格與MBTI

注意你自己的偏見跟假設。你可以在當下調整自己的溝通方式並觀察結果，藉此測試你的論點。

如果想進行自我評斷與自我分類，那麼MBTI一直都是最受歡迎的方式之一——當然，這表示在用這套方法來將他人分類之前，我們得先熟悉它。整體來說，這套分類方式是根基於四種截然不同的二分法，你可以想像成人格特質，近似於前面提過的五大人格特質。人們認為MBTI的功能一如當代的星座。當然，沒有測驗是萬無一失的，但這並非表示這套分類法不能為你帶來一些重要的洞見，讓你得以一窺他人的性格或特質。

MBTI約莫是在二戰期間開發出來的。邁爾斯跟布里格斯是兩位家庭主婦，她們觀察到許多人都是隨隨便便就接下了一份工作。然而，令她們感到不解的是，在那些人當中，有許多人所從事的工作，不一定跟他們自身的技能有關。她們將自己的觀察跟榮格的研究結合起來。榮格認為心理類型源於個人、行為，以及他們的個性。他深深相信，這些類型是由於人類行為的影響，而與生俱來的。

因此，ＭＢＴＩ的開發目的，旨在幫助人們找到更適合自身天性的工作跟職場。如前面所提到的，這套分類法中包括了四種大範圍的二分法，或也可說是人格特質：

- **性格方面，從外向（Ｅ）到內向（Ｉ）。**
- **感知方面，從感官（Ｓ）到直覺（Ｎ）。**
- **判斷方面，從思考（Ｔ）到情感（Ｆ）。**
- **運用方面，從判斷（Ｊ）到感知（Ｐ）。**

其想法為，每個人都可以透過這四個光譜來評量自己，而某種模式就會隨之出現，讓你得以發現自己的性格類型。

第一種分類為外向跟內向，意味著一個人活力展現的源頭及方向

請注意，這裡所稱的外向，跟五大人格特質裡提到的外向，在定義上有些微的不同。外向者的活力主要展現在外部的世界。若有其他人在場跟陪伴，外向者就能夠補充活力。而對內向者來說，他的活力主要展現於內在的世界。能夠擁有自己的空間是最理想的，並且也是他或她補充活力的最佳方式。

與性格內向的人相比，性格外向的人更注重行動，而前者則更注重思考。舉例來說，在課堂上，外向的學生喜歡參與團體討論跟上台報告。他們與其他學生的互動方式呈現出他們性格類型的主要樣貌。一個性格內向的學生則情願獨自一人作業，並且會在全班討論時覺得有些不自在。他們喜歡能夠獨立思考，也喜歡自己衡量課業進度。

第二種分類為感官跟直覺，代表了人們如何感知資訊

如果此人是感官型，那麼他或她相信直接從外部世界接收到的資訊。其表現形式為他或她可能會運用自己的五感——視覺、嗅覺、觸覺、味覺，以及聽覺。他們做決定的速度會更快，而且是經驗導向。

對於使用直覺的人來說，相對於外部世界的證據，他或她更相信來自內在世界——他們的直覺——的資訊。其表現形式為心裡有種「感覺」。他或她會更深入地挖掘細節，並且嘗試將各種模式連接起來。在做出決定之前，他們可能會需要更長的時間。

相對於直覺型的人，感官型的人相信更具體而有形的資訊，而前者則可能會去尋找數據底下所潛藏的理論或原則。警察通常會利用證據跟數據來支持自己的論點，進而逮捕罪犯，因為這樣的資訊是可以測量的。相對地，律師會展現出更多的直覺，因為所看見的現實背後

可能還有更大的脈絡，而這有助於他為客戶辯護。

第三種分類為思考跟情感，這跟一個人如何處理資訊息息相關

思考指的是一個人主要是透過邏輯思維來做出決定。他們的思維裡也包括了有形的事物，藉此找出規則，進而做出決定。

與此相反的則是情感型的人，他們寧願仰賴情緒來抉擇。在做決定的時候，這些人會使用自己的價值觀，來做出自己的最佳抉擇。他們可能會認為那些思考型的人冷酷又無情。

每當有人為了做出一個合理的決定，而列出所有可能性與實際的原因時，這人多半是思考型。基本上，這個人就是在利用自己的大腦做決定。而每當有人是依據自己的心意去做決定時，這人就是感覺型。買住家的人有兩種：思考型的人之所以會簽下購屋合約，背後的原因是價格合理跟轉手價值高；而感覺型的人之所以買房子，是因為他們不想搬離住得很習慣的鄰里。

第四種分類為判斷跟感知，這個分類是關於人們如何運用自己已經處理過的資訊

透過整理生活中的各種事件，判斷型的人會進行好壞的判斷，後續得以將之視為穩健執行其他任務的參考規則。這類型的人偏好秩序跟結構。他們之所以自制，為的就是能夠盡可能地控制周遭的環境。判斷型的人通常會將過去的經驗引以為鑑，藉此決定某些行為應當要繼續為之或者避免重蹈覆轍。他們也喜歡看見事情塵埃落定及順利完成。

見機行事及探索各種可能性，是感知型的人會做的事。這種類型的人喜歡擁有各種選擇，並且視章法為對自身潛力的限制。情況需要的時候，他們喜歡做出選擇，也喜歡探索如何解決問題及制定策略。感知型的人有點活在當下，並明白自己擁有諸多選擇，他們也不會去管過去其他經歷的前因後果。

調整自己的溝通方式並觀察結果

上面提到的四種二分法，依據個人的偏好去排列，總計共有十六種不同的組合，或說是人格類型。依照不同的主要性格，這些二擇一的選項能夠幫助每個人選出代表自己的答案。這就是十六種不同人格類型的定義，每種人格類型都能夠搭配一組四個字母的縮寫。

我舉個例子，ESFJ代表外向、感官、情感、判斷。這類型的人，可能就是那些你會在電視播放的情境喜劇裡面看到的角色，她們喜歡聊每一個人的八卦，她們人生的主要目標就是結婚生子，這樣才能夠跟鄰里的其他媽媽一起聊八卦。當然，這是一種刻板又傷人的分類方式，但即便如此，利用這四個簡單的字母來觀察他人、將他人分類，能夠讓你對任何人有更深一層的了解。

ＭＢＴＩ有個大問題，就是它只給出一個肯定的答案，卻沒有考量到人們的性格事實上通常不會這麼傾向某一邊。人們並不會完全處在光譜的某一端。ＭＢＴＩ只讓人們極左或極右二選一，不讓他們選擇任何的中間地帶。然而，多數人的許多其他人格特質其實在中間。例如說，你可能是百分之四十五外向跟百分之五十五內向，但是ＭＢＴＩ卻會毫不猶豫地說你是內向的人。

ＭＢＴＩ的另一個缺點不在於它本身，而是在於我們一生都在變化這個事實。美國馬歇爾大學（Marshall University）的教授大衛・皮登爵（David Pittenger）發現，如果在過了一段時間之後再重新測ＭＢＴＩ，那麼多達半數的人，都會被歸類到不同的類型去。一如預期，隨著時間過去，人們會產生改變。ＭＢＴＩ的測試結果可能會在幾天或幾星期後產生變化，取決於他們的心情或來自外在或內在環境所導致的影響。這些變動的要素並沒有辦法道出他們真正的性格類型。

在跟人來往的日常生活中，我們要如何實際運用這個理論呢？很不幸地，要簡單地猜測某人的ＭＢＴＩ類型並不容易。（儘管許多人就愛瞎猜！）既然沒辦法讓每一個認識的人都做一份完整的書面測試，因此我們需要嘗試利用該理論的廣泛性來臨機應變，針對一般情況下的人們，獲得一個更通盤性的理解。

自己試試看：下次認識新朋友時，試著去判斷他們是偏向內向還是外向（或是介於中間？）注意他們的肢體語言、他們的行為，以及當下情境能夠提供給你的所有線索。接下來，問問自己他們是偏向直覺型還是感官型。一個喜歡碰觸、實際，並且直接的人，可能較偏向感官型。而會思考「大方向」的人則較傾向於無論遇到多麼簡單的問題，都會說：「怎麼說呢，這有點複雜。」

要確定對方是比較偏向思考型或情感型，請聆聽他們的用字遣詞、他們說話的內容，以及他們關注的方向。他們跟你提到的是事實、想法、抽象計畫嗎？還是他們聊到了他人跟關係？要分辨對方是判斷型還是感知型，請留意他們整體上的生活態度——他們是否顯得吊兒郎當、漫無章法、玩世不恭？或者你覺得這個人不停在做出決定，並且總是在做計畫或打算做計畫？

使用這幾種分類裡的一到兩個去分析對方，就足以讓你更推敲出對方可能的性格。一樣必須提醒的是，注意你自己的偏見跟假設（舉例來說，這個人可能壓根不是情感型，只不過是因為這個環境很令人放鬆，而且對方超級喜歡你！）你可以在當下調整自己的溝通方式並觀察結果，藉此測試你的論點。

舉例來說，如果他們對你提出的有趣新想法反應良好，但覺得你討喜的個人小故事有些無聊，那麼你就知道對方更偏向思考型。如果正在跟你說話的這個人，一直想要將討論帶到一個明確的結論，你就能猜想對方更靠近J而非P。不過我要重申，還是得仔細觀察當下的情境。

同樣值得記住的是，不同的環境往往會讓不同的性格特徵浮出水面。幾乎可以確定的是，在討論到婚姻而非工作議題時，你的伴侶一定是更傾向於情感導向，而這跟他們是否為情感型／思考型無關。

凱爾西氣質類型分析

氣質類型分析允許人們幫自己打分數，並讓他們有機會為了成為更好的自己而產生改變。他們會對自己有更深的自我覺察，也會在情況需要的時候加強他們的適應能力。

要理解ＭＢＴＩ的一個常見方式，就是透過大衛・凱爾西（David Keirsey）的四大氣質類型分析。他幫忙整理了人們會從ＭＢＴＩ收到的資訊，將其從十六種人格類型縮小到四種整體氣質。而在每種氣質中，凱爾西還發現了一個人可能會本能而自然地去扮演的兩種角色。

第一種氣質：守護者

即為測試結果兼具感官型與判斷型特質的人。這種類型的人渴望有所依歸、為社會做出貢獻，並對自己的能力充滿自信。

守護者也更實事求是及有條有理。他們尋求安全感與歸屬感，也在乎責任與義務。後勤能力是他們主要的優勢之一；他們專精於組織、催化、支持、檢查。他們的兩個角色是管理者跟監護者。

管理者是守護者更具主動積極與指導能力的版本。他們在調度方面極有效率。監護者是守護者更具反應與表達能力的版本，他們的智慧最適合應用於支援上。

第二種氣質：職人

即為測驗結果兼具感官型與感知型的人。這些人活得自由自在，並會經歷許多充斥動作的事件。

職人的適應力無與倫比。他們通常會尋求刺激與精湛的技藝。職人非常想要產生巨大的影響，而他們最傑出的能力之一就是謀略。他們極其精於處理問題、解決難題，以及迅速行動。他們還有操作工具、樂器、設備的能力。

職人有兩個角色——操作者及表演者。操作者是職人更具指導能力與主動積極的版本。他們除了促進事情完成的能力堪稱一流之外，也是細心的工匠與催化者。表演者是職人更具備見識與反應能力的版本。他們的即興創作能力很強，同時注重細節。

凱爾西估計，約莫有八成的人口被歸類為職人或守護者。

第三種氣質：理想主義者

即為測驗結果兼具直覺型與情感型的人。這些人會在生命中尋找意義，同時也會幫助自己跟他人成為最好的自己。他們重視獨特性跟個體性。

理想主義者偏好抽象事物，可能富有同情心。他們會在幾乎可說是萬事萬物之中尋找重要性跟意義。他們關注個人成長，以及尋找真實的自我。他們非常善於交際，並具備闡明、統整、幫助塑造個人特色及激勵他人的能力。他們有兩個角色——指導者與提倡者。

指導者是理想主義者更具主動積極與指導能力的版本。他們非常擅長開發，也很細膩，適於擔任顧問及教師。提倡者是更具備見識與反應能力的理想主義者，非常精於調解。

第四種氣質：理性者

即為測驗結果兼具直覺型與思考型的人。總有股動力，會驅策這些人去增加自己的知識，而他們也非常稱職。他們通常都對自我感到滿意。

理性者的思維既客觀又抽象。他們追求自我控制，也努力成為自身所處領域的大師。他們通常很關注自身所處領域的知識與能力。謀略是他們的強項，他們也具備邏輯調查、工程、概念化、理論化，以及協調的能力。他們的兩個角色是協調者跟工程師。

協調者是理性者更具主動積極與指導能力的版本。他們善於安排，適合擔任的角色為策畫者跟陸軍元帥。工程師則是理性者更具備見識與反應能力的版本。

凱爾西氣質類型分析能夠進行比ＭＢＴＩ更深的人格特質評斷。凱爾西氣質類型分析所做出來的測試結果，有助於評斷此人的多種特質；而ＭＢＴＩ則著重在個別的性格特質。不過一如ＭＢＴＩ，不會有人只具備單一種氣質。幾乎每一個人都具有每種氣質中的性格特質，所以若要將人只歸類在單一氣質類別中，會非常困難。

整體來說，氣質分類能夠讓人們更了解自己，以及他們可以做些什麼，來改變自己的性格。說自己的性格如何如何，只是讓別人明白自己的現況，但是氣質分類的解析能夠看得比表面更遠。氣質類型分析允許人們幫自己打分數，並讓他們有機會為了成為更好的自己而產生改變。他們會對自己有更深的自我覺察，也會在情況需要的時候加強他們的適應能力。

兩種測試方法都能夠產生有用的資訊，並且至少為你提供了一個分析某人的起始點。根據一些暫時性的初步觀察，你就可以改變自己跟對方溝通的方式、要問哪些問題，以及自己說話的方式。這能夠幫助你偷偷蒐集更多資訊，讓你跟對方的交流從本質上成為一場持續性的實驗：你可以透過一次又一次的測試，去驗證自己針對他們所提出的性格假設。

這件事情其實沒有聽起來那麼冷冰冰，事實上，對這類型的讀人術有天賦的人，經常被他人認為更風趣、討喜、迷人、聰明，也更善解人意。舉例來說，如果你懷疑對方可能是理想主義者，那麼在跟他們聊天的時候，你可能就一定要想辦法投其所好地稱讚他們：你會說他們很和善，或者事情做得非常好。

如果你跟對方產生了意見上的分歧，而對方的言行舉止強烈散發出他們可能是職人的話，要化解兩造之間的衝突，你或許可以指出這麼做的實際益處，而非訴諸「邏輯」、試圖動之以情，抑或利用常理或權勢去令對方折服。

接下來要講的人格測試是最後一個，名稱為九型人格，它的功用跟凱爾西氣質類型分析很相似。

九型人格測試

人格理論或見解能夠幫助你更容易去解釋或理解一種稱之為人類的複雜生物，但在判讀的過程中，你必須要準備好繼續蒐集數據，並且不斷調整你的觀點。

於一九六〇年代開發出來的九型人格測試，其目的是要讓人們得以藉此達到自我實現。其核心主要在於自我提升，因為九型人格測試會迫使人們面對自己的缺陷。九型人格測試的獨特之處在於，其旨在讓人們看到自己會如何行事及背後原因，而非做了什麼。與其深入細枝末節，我們不妨綜觀九型人格測試中，各種不同類型可能會有什麼樣的表現，藉此幫助你嘗試在這之中找到符合你自己的描述。

做這個測試可以得到九種類型的結果。

第一型——改革者

這個類型的人通常很在乎自己的所作所為是否隨時正確，並且非常正直。他們也可以被視為會妄加評斷他人及自以為是。範例包括牧師與醫生。

第二型——協助者

這個類型的人渴望被愛、被欣賞。他們通常十分慷慨，但也可以被視為有控制慾跟驕傲自滿。範例包括母親與教師。

第三型——成就者

這個類型的人喜愛獲得他人的掌聲與讚美。他們是工作狂，這也使得他們自戀又虛榮。範例包括演員與學生。

第四型——個人主義者

這個類型的人通常會在生命中尋找意義，他們渴望自己獨一無二。他們毫無疑問地很有創造力，但同時也可能陰晴不定、喜怒無常。範例包括音樂家與畫家。

第五型——調查者

這個類型的人會努力讓自己博學多聞、稱職能幹。在多數的情況下，他們非常客觀，但同時他們也有沉默寡言的傾向。範例包括研究人員。

第六型——忠誠者

這個類型的人計畫周到，並且非常忠於自己在乎的人。他們確實對一切事物充滿質疑，而這可能會使得他們多疑、偏執。範例包括生存主義者[8]與警察。

第七型——熱衷者

這個類型的人喜愛冒險、精力充沛。他們會盡力把每件事情做到最好，而這種傾向可能會使得他們魯莽又放縱。範例包括尋求刺激的人與演員。

---

⑧ 生存主義者的特質為，會積極地為社會的崩潰、自然災難、意外困境等做準備。會學習以物易物、接受醫療與自衛訓練、學習各種生存技能，甚至建造各種避難所。

第八型——挑戰者

這個類型的人總是必須要擁有掌控力或權力。他們既堅定又有自信，而這可能會呈現為咄咄逼人跟極端。範例包括專橫的父母與軍職人員。

第九型——調停者

最後這類型的人性情穩定，善於居中斡旋。他們通常隨遇而安、心胸寬大。但這種天真的行為，可能會使得他們對周遭的負面事情視而不見。範例包括嬉皮與祖父母。

有些人的言行舉止可能是各類型都有一點，或是某幾個類型的傾向比較強。做這個測試能讓人們更了解自己，也讓他們知道自己為什麼會在特定情況下做出某些舉動。這項測試會迫使人們看見更深層的自己，從而或許會使得他們無意識層面的思維出現更多的可能性。

在判讀及分析他人時，請將這些人格測試視為一種理論上的自我介紹，因為整個流程如下：了解各種測試方法，觀察他人，然後看看人們可能符合哪種類別。到最後，你或許會得到有用的資訊，但你也可能是在試圖將人們硬塞進錯誤的人格類型，或者你的見解其實通盤皆錯。

為了要確保充分善用這些理論，你需要記住它們不過是某種測試模型罷了，不是什麼了不起的東西。測試模型都有其侷限，總是將複雜的現象過於簡化。人格理論或見解能夠幫助你更容易去解釋或理解一種稱之為人類的複雜生物，但在判讀的過程中，你必須要準備好繼續蒐集數據，並且不斷調整你的觀點。

假設你昨天認識了一個令你印象深刻的人，對方很符合九型人格測試中的第八型，也就是挑戰者。昨天在公司跟他聊天時，你注意到他的肢體語言既有力又直接——語氣堅定、姿態不凡、會打斷你說話、會望著你的眼睛、下巴線條剛毅、眼神銳利。但今天在工作場合之外的地方遇見他時，你留意到他的肢體語言更像是焦慮。會不會他明顯剛強的態度其實是一種偽裝呢？

在進一步的談話中，你切換各種不同的人格測試模型，開始明白這個人一點也不強勢，只是單純有自信，說話直接。你開始發現他是專注又熱情的「理性者」，雖然個性外向，但盡責性跟親和性相對偏低。在開始運用腦海中的這一切跟他互動之後，你忽然留意到自己真的「恍然大悟」，也很快就發現你們成為非常親密的朋友！

九型人格

類型	特色	範例
改革者	在乎自己的所做作為是否隨時正確，非常正直。妄加評斷他人，自以為是。	牧師／醫生
協助者	渴望被愛、被欣賞。十分慷慨，但有控制慾、驕傲自滿。	母親／教師
成就者	喜愛獲得他人的掌聲與讚美，工作狂，自戀又虛榮。	演員／學生
個人主義者	渴望獨一無二，有創造力，但陰晴不定、喜怒無常。	音樂家／畫家
調查者	努力讓自己博學多聞、稱職能幹。沉默寡言，客觀。	研究人員
忠誠者	計畫周到，忠於自己在乎的人。多疑、偏執。	生存主義者／警察
熱衷者	喜愛冒險、精力充沛。盡力把每件事做到最好，魯莽又放縱。	尋求刺激的人／演員
挑戰者	擁有掌控力或權力。堅定又有自信，可能咄咄逼人跟極端。	專橫的父母／軍職人員
調停者	性情穩定，善於居中斡旋。隨意而安、心胸寬大，但也天真。	嬉皮／祖父母

重點整理

- 我們就像心理學家。踏上了分析他人的旅程，先簡單了解了一下各種人格測試，看看我們能從中逐漸獲得些什麼。事實證明，我們能學到不少，即便不能斷言這些測量方式或人格類型能不能百分之百套用到他人身上。它們多半提供了不同的測量角度及觀點，讓我們得以用不同的觀點去看待他人。
- 五大人格特質並非依據整體，而是根據特定特質去將人分類，是這類人格特質分析測試的先驅之一。這些特質分別為經驗開放性（嘗試新事物）、盡責性（謹慎注意）、外向性（從他人及社交場合汲取精力）、親和性（友善而富同情心），以及神經質（緊張焦慮）。五個特質的第一個英文字母合起來就成了OCEAN，方便記憶。
- 接下來要介紹的是MBTI。雖然從人格指南的角度來看，MBTI頗有助益，但有些時候，人們會把它當成類似星座的東西，而在所屬的類型裡面尋找自己想要擁有的特質，即便本人可能未必真的擁有。MBTI中有四個不同的性格特質，你可以藉由評量自己有多符合或多不符合各個特質，來得出你自己的測試結果。這四個普遍性的特質為內向／外向（你對待他人的基本態度）、直覺／感官（你如何感知資訊）、思考／情感（你如何處理資訊），以及感知／判斷（你如何運用資訊）。因此就創造出了十六種不同的人格類型。

- MBTI的確有一些缺點，包括使用刻板印象去分類，還有人們會因為情緒的變動及情況的不同而造成測試分數的不一致。

- 為了測量MBTI，我們蒐集到了一些資訊，而凱爾西氣質類型分析能夠重新組織那些資訊。相對於MBTI裡的十六種人格類型，凱爾西氣質類型分析中有四種不同的氣質，而每種氣質都對應兩種不同的角色。這四種氣質分別為守護者、職人、理想主義者跟理性者。據凱爾西估計，有高達八成的人都是前兩種氣質。

● 在本章節末，九型人格測試是我們要談的最後一個人格測試。它由九種整體性的人格類型所組成：改革者、協助者、成就者、個人主義者、調查者、忠誠者、熱衷者、挑戰者、調停者。每種類型都由一系列特徵所組成，也正因此，它的運作方式更接近凱爾西氣質類型分析。

第四章

識破謊言的基本法則（以及一些忠告）

你的百寶袋裡將會多一樣工具，
又多了一個可以用來解讀資料的鏡頭。
我們要來看看測謊專家是怎麼測謊的。

到目前為止，在這本書裡，我們已經思考過所有會促使人們用特定言行與方式跟他人互動的不同動機、個人的需求影響了溝通及言行的各種方式、自我如何參與其中，以及多種「判讀弦外之音」的方法，跟如何聆聽他人用全身去「說話」。

透過這麼做，我們可以更深入地看穿他人，並且更了解他們。但老實說吧，之所以要「了解」他人，主要的原因並非只是單純的好奇。我們之中的多數人，都有更了解他人的（合理）需求，這樣我們才能在他人操弄我們、隱瞞某事、徹底說謊的時候，看破他們的手腳。

成為一個性格判斷高手跟人心判讀大師，也會讓你成為一個好朋友、好情人、好父母跟好同事。它同時也能保護你，讓你免於遭受他人不怎麼高尚意圖的傷害。無論是揭露生活中的善意謊言、識破低級的約會伎倆，還是深入了解某個極力誤導你的人（我指的正是整個廣告產業），我們目前為止學到的這些技巧，能夠建構成一個強大的自我保護策略。

書讀到這邊，我猜你八成已經聽膩了這句忠告，但還是需要再說一遍：在學習讀人術一事上，沒有辦法保證百分之百準確。我們學到了如何觀察、各種理論，以及最佳的可能性，但沒有一個技巧能夠完美地套用在每一個人身上，因為我們都有不同的習慣、個性、背景等等差異。

不過，我們在這個章節裡要介紹的內容，會是一個很好的出發點；你的百寶袋裡將會多一樣工具，又多了一個可以用來解讀資料的鏡頭。我們要來看看測謊專家是怎麼測謊的。這裡所謂的專家，指的是美國聯邦調查局跟中央情報局的探員、審訊人員跟警察，他們有時需要在極短的時間之內，盡己所能地獲得最精確的情報。

難題：不確定性

與其去問要怎麼做才能加強自己識破謊言的能力，能不能先去明白自己為什麼會被騙？

一如似乎每個人都相信自己的開車技術高人一等，多數人似乎都認為自己很會識破謊言——事實上卻可能不盡然。一項刊登在二〇〇六年的《鑑識調查員》（Forensic Examiner）期刊的研究發現，事實上，無論人們年紀多寡、教育程度高低、性別是男或女，抑或對自己察覺欺騙的能力是否很有自信都一樣，人們通常並不善於識破別人在說謊。事實上，簡單來說，即便是受過專業訓練的專家，他們識破謊言的能力也沒有比較強。

另一篇二〇〇六年刊載於《人格與社會心理學評論》期刊的論文提到，大多數的人，就算是心理學家跟法官，能否識破謊言也純靠運氣。有人估計，在兩萬人裡面，只有五十個人，可以在八十次的機會中，識破一次謊言——成功機率根本微乎其微！雖然沒有人喜歡去想自己特別容易受騙，但實際上，一個技巧嫻熟的騙子可能極具說服力。而在這個論及如何成為識破謊言的專家的章節中，我們要先學的第一件事情就是：謹慎以對。

問題在於，通常會用來幫助我們判讀人心的東西——臉部表情、肢體語言、用字遣詞——總是會呈現一定程度上的變動性。我們總假定，所有的說謊者都會表現出相同而可以預期的言行舉止，然而很明顯，每個人之間的差異是如此大，以至於這些觀察訣竅跟撇步幾乎毫無用處。雖然我們在前幾章中討論過的技巧，可以讓我們知道一個真誠、不會主動試圖隱藏任何事情的人的諸多性格面貌，但說到欺騙，那就是另外一回事了。

一個更大的問題是，想要識破謊言的人能獲得的全部資訊，想要說謊的人也都能夠獲得。如果有人知道碰觸自己的臉很容易引起他人的懷疑，那麼他們只要多留心，別那麼做就好。事實上，如果你正在打交道的對象十分慣於說謊，或者在某種程度上幾乎相信他們跟你說的謊言，那麼他們很可能看起來毫無說謊跡象。

那麼，既然識破謊言如此困難，為什麼還要去學習呢？因為若能滿足某些條件，那麼識破謊言的機率確實能提升。如果我們能夠知道這些條件，並且對於我們識破謊言的機率抱持著符合現實的預期，我們就能真正強化自己判讀性格的能力，並且更不會受到欺騙。

在下列情況中，通常較容易識破謊言：

- 你知道對方的基礎行為模式，因此得以跟對方現在的行為比對。
- 對方撒謊是臨時起意的，也就是說，他們沒有任何時間去彩排，或做好心理準備。

● 如果謊言被拆穿，說謊者將必須付出代價——這可能會讓說謊者承擔更大的風險，並使得他們更緊張。

不幸的是，並沒有哪一個小動作或跡象，可以明確地指出某人的不老實。有一個人可能是突然變得很健談，另一個人可能身上出現了從未有過的小抽搐，還有一個人可能是變得十分嚴肅又心不在焉。此外，就算你能明確注意到緊張的態度，也沒辦法保證對方就是在撒謊——對方之所以覺得緊張，說不定只是因為他們知道你不信任他們！

我們可以轉換思維，換個角度來看這件事——與其去問要怎麼做才能加強自己識破謊言的能力，能不能先去明白自己為什麼會被騙？從這樣的觀點出發，就會知道我們對說謊者的存在無能為力，但我們當然可以審視自己，問問自身有哪些性格、想法或行為，導致自己無法識破他人的謊言。

對多數人來說，說謊被視為無庸置疑的道德錯誤。我們不喜歡說謊，但我們也討厭認為自己被騙子愚弄了。如果我們無意識地相信沒有人會真正對我們撒謊，或者我們能在第一時間識破對方的謊言，那麼我們就是有些過於自負，並且跟自己保證這個世界大致上是個充滿公理正義的地方。

多數人都善良又誠實，他們都不喜歡只是坐在那兒批評別人，他們比較喜歡拓展令人舒服的信任——在我們之中，有多少人錯誤地相信，他人在做事或說話時，會帶著跟我們同樣的道德顧忌呢？

如果我們能坦然接受自己的偏見、期望，以及我們會無意識地相信他人所說的話，那麼我們就更有機會識破他人的謊言。想像自己是個優秀的測謊雷達，以及想像自己是個天賦異稟的「人體測謊機」固然是不錯，但對識破謊言一事產生最大阻礙的，正是那些讓你覺得安心的想法，這些想法讓你誤以為自己有好好地觀察跟分析，但其實你沒有。如果要識破謊言，那麼我們在先前的章節中所使用的、用來找出對方的價值觀及個性的方法，需要好好升級一番。

對話就是一切

你識破謊言的能力，取決於你如何跟說謊者互動。

在街上隨便找個男人，問他如何識別說謊者，他可能會說的話諸如：「他的眼睛賊溜溜的」，或是「他往右上角看」，或是「他結結巴巴的」。就連訓練有素的專業人士，也可能會相信一、兩種這類的技巧，並認為用來識別說謊者可說是萬無一失。但不幸的是，如果真的這麼簡單，說謊就不會這麼常見，世上也沒有人會受到欺騙了。事實上，想要順利識破說謊者，要做的事情遠比去注意個別行為還要來得多。

肢體語言當然很重要。但在某種程度上，謊言是口語的建構──它是一種流動而即時呈現的敘事，並且總是涉及如下的情境：有另一個人主動而專注地跟說謊者對話。若想識破謊言，不是只需要明察秋毫地注意臉部的抽搐或汗溼的掌心，而是要留意整場對話情境。

在對話中，你也是參與者。你可以提出問題、引導討論，並巧妙地向對方施加壓力，讓他們主動提供資訊，而不是單憑自己去尋找。讓我們將識破謊言重新定義為一種溝通技巧，而非只是一連串單一的靜態觀察。

你的伴侶形跡可疑，所以你正在質問他們，過去五小時他們人在哪裡。你的孩子正在告訴你，他們眼睛周圍的瘀青怎麼來的。或者你的同事正在跟你詳細解釋，為什麼他們會決定停掉你的專案。所有的這些對話都是鮮活而流動的，而非只是對方在證人席上的片面表現。

你識破謊言的能力，取決於你如何跟說謊者互動。你的互動方式必須具備策略跟主動。首先要記住的，就是展開對話時，要使用開放性問題。讓對方先開口，而且通常要給予他們充足的時間，好讓對方有機會一一羅列任何可能互相矛盾的事實或線索，讓你得以在後續揭開真相，證實一切不過是謊言一場。

任職於英國德比大學（University of Derby）的雷・布爾（Ray Bull）人如其名⑨，是一位犯罪調查學的教授。他學習這種溝通技巧的技術與科學已經多年，並在多本心理學、行為學、法律學期刊上發表過論文。他的主要發現為，在識破謊言一事上，最重要的事情有二：一是質詢者與被詢者之間的關係，二是識破謊言的過程。

你要把自己說的話控制到最少，至少一開始是這樣。如果你握有任何證據或訊息，盡可

⑨ Bull在英文中有胡說八道、吹牛的意思。

能地先別說出口，愈久愈好。請記住，說謊者的情勢很艱難。他們得要讓你相信一個故事，然而他們通常卻不知道你知道什麼。隱瞞這些訊息，通常就已經足以讓某人不小心地脫口而出不該講的話，進而徹底解決了你的疑惑。

舉個簡單的例子，如果你的伴侶跟你說了一個跟朋友一起共度夜晚的冗長故事，你就問他們幾個問題，比如說他們一起做了些什麼事、吃了什麼東西、朋友家那邊天氣怎麼樣……諸如此類。聽看看他們怎麼說。在伴侶把話說完時，你或許會揭露，你碰巧知道那位朋友當時剛好去度假了，但如果你不揭露這件事，你就給了說謊者機會，讓他們得以背誦原先計畫要說的故事，讓他們自己露出馬腳。

注意整體的訊息呈現方式。說謊者通常會連珠炮似地訴說一個完整而充滿細節的故事，可是一旦面對質問，他們就噤若寒蟬。畢竟，雖然他們在腦海裡演練過整個故事，卻沒有機會去演練那些他們想都沒想過的問題的答案。然而，說真話的人不會一次就把話說完，但在面對質問時，能夠輕而易舉地說出答案。

你可以直接試試這個方法——突然拋出一個隨機而不相干的、對方事前絕對不可能會想到的問題。然後注意看看他們是否當場不知所措地想編些話。此外，說謊者在回答問題時，通常需要更長的思考時間，而在開口回答時，他們也很容易說得斷斷續續。說實話的人可能很難記清楚一個細節，但他們會更自在地說：「我不知道。」相對地，你經常可以看見說謊者忙著編造一些毫無意義的細節，以填補他們所感知到的知識空白。

如果你留意到明確的前後不連貫，甚或是徹頭徹尾的謊言，不要戳破對方。稍微先等一下，再觀察片刻。你可以看見面前的說謊者正在急急忙忙地編造一個故事。等到你終於提出證據，證實對方撒謊時，繼續觀察他們的反應。說謊被拆穿的人可能會很生氣或不吭聲，而說實話的人可能只是表現得有點困惑，並且只會再講一遍原本的說詞。

詹姆斯・德瑞斯克爾（James Driskell）博士是佛羅里達麥克西瑪公司（Florida Maxima Corporation）的負責人，該公司專門研究諸如識破謊言等的行為科學問題。他提供了一些額外的線索，告訴大家如何在不確定數名對象是否共謀欺騙的情況下，去分析這件事情的可能性。他聲稱，若有兩個人在共謀撒謊，他們陳述故事時不會詢問另一方的意見，也不會去補充說明另一人的話，而說實話的人會。如果你懷疑有兩個人撒謊，觀察他們之間的互動——誠實的人會更自在、更主動地去分享他們的故事。

出奇制勝

留心注意任何突然的轉變，包括對方的自信程度、說話的速度，以及眼神是否閃爍不定。

想像自己是一個說謊者（或者回憶你上一次撒了彌天大謊的時候！）你有許多細節要留意，而且在訴說的時候，要表現得平靜又有自信。你可以想像，如果你有足夠的時間把所有的細節先梳理一遍，那麼要把故事說好，就會變得容易許多。換句話說，準備的時間愈充足，你就有愈多的時間來演練自己的反應，讓自己能夠心平氣和地撒謊。

臨時起意的撒謊者表現就沒那麼好。如果有辦法透過事先策畫，以做到出其不意地跟對方說話，或者問對方問題，那麼你可能就有機會逮到他們說出蹩腳又倉促的謊言。一如上述所提到的那些溝通技巧，你並非真的在嘗試單單透過肢體語言等等跡象，來揣測對方說的話是真是假。相反地，你是在嘗試讓對方自亂陣腳，絆倒在自己織就的謊言之網上。

我們已經讀到，出人意表的問題能讓一個人措手不及，因為這些問題會讓說謊者沒有辦法利用原先已經演練過的劇本。留心注意任何突然的轉變，包括對方的自信程度、說話的速度，以及眼神是否閃爍不定。一個典型的跡象是，明明是一個清楚、簡單的是非問題，對方的答案卻顧左右而言他。

這可能表示，他們正在試圖爭取時間，要想出一個有說服力的謊言。說實話的人會毫不費力地立刻做出直接的回應。重述一次問題，或者說出一個冗長、細節過度清楚的答案，則是另一種爭取時間的方法。

我舉個例子：

「喂！有人吃了我放在冰箱裡的午餐！麥克，你有吃我的東西嗎？」

「呃，什麼東西啊？」

「你知道啊，就我的中餐。我本來放在這裡。我甚至還在上面貼了一張便利貼……」

「呃，那個，這間辦公室裡的人做事都鬼鬼祟祟的……」

「是你吃的，對吧？」

「你說你的午餐嗎？你是指我在撒謊嗎？」

「那麼，你有撒謊嗎？」

「老哥，你這話也太過分了。真不敢相信你居然會覺得……」

根本沒完沒了！

再次強調，關鍵在於故事陳述的方式。如果你讓對方猝不及防，他們會突然變得有點慌張，或者甚至可能會用憤怒的態度來回應。留心情緒或語詞的忽然轉變。為了隱藏自己的心慌，對方可能會展現出憤怒。（「為什麼要問我這種蠢問題？」或是「什麼？你不知道嗎？」）

如果你懷疑某人撒謊，而且想要查明真相，請保持輕鬆而隨意的態度，並在他們還來不及編造謊言之前，趕快問他們各種問題。如果你能做到這一點，那麼許多針對行為或肢體語言的觀察，可能就會變得相當管用——留心注意肢體跟口語雙方面的緊張反應，或是意欲隱瞞的企圖。

有些人可能會忽然呈現出有點受到冒犯的樣子，或者呼求上蒼的保護（「我對天發誓！」），而非直接坦率地回答問題。你應該做的，就是讓對方措手不及，接著觀察他們針對問題所產生的反應。在極其偶然的情況下，對方可能會因為過於慌張跟尷尬，進而驚慌失措地立刻承認自己撒了謊。

如何增加認知負荷

一旦增加了對方的認知負荷，你其實就等於讓對方有太多事情要操心，進而使得他們的謊言變得分崩離析。

說實話相當容易——你只要記得自己要說什麼，大聲說出來就行了。說謊就困難多了，至少在認知層面是如此。你什麼都不記得，你正在努力編造一個全新的故事——而且這個故事還需要有足夠的可信度。讓說謊者露出馬腳的好方法之一，就是讓他們已經超出負荷的腦袋瓜更加忙碌，直到他們犯下錯誤，並且更清楚地說出那些你想要知道的事情。

最好的方法，就是不要表現得你好像正在展開一場正式的審訊，而你在扮演的角色則是一名嚴肅而務實的偵探。相反地，態度要隨意點，但要讓對方不斷說話。仔細聆聽，並在敘述聽起來似乎有些薄弱的地方，稍稍施加壓力。隨著對談時間拉長，故事的真相可能會呼之欲出，或者你會找到明顯的矛盾之處。如果你在矛盾的地方再使些勁，你可能會獲得更多的謊言，或是無法再自圓其說的嚴重矛盾。

一個十分有趣的技巧，是在對話一開始的時候，直接談到某一名自認為很誠實的第三者。這會暗示他人後頭要更加誠實，或者至少能讓對方因為一方面想要表現得更加誠實，另一方面卻在撒謊，進而變得緊張兮兮。這樣的緊張能夠促使對方自己坦承真相，或者至少能讓他們的謊言變得更加拙劣。

加拿大研究人員傑伊・奧森（Jay Olson）撰寫了大量關於說服力的文章，結果證實，在試圖揭穿欺騙行為時，說服技巧可以發揮很大的作用。的確有道理——你可以嘗試被動地識破另一個人的謊言，或者你也可以利用巧妙而目標明確的問題、機智，以及說服技巧，來從他們身上榨取出真相。

一旦增加了對方的認知負荷，你其實就等於讓對方有太多事情要操心，進而使得他們的謊言變得分崩離析。一個實用的技巧，就是你自己也陳述一些不真實的事情，接著觀察他們的反應。這麼做不單能讓你知道他們在面對謊言時，會呈現出怎麼樣的基礎行為模式，這些額外的訊息還會成為壓垮駱駝的最後一根稻草。類似的行徑重複個幾次，一下說真話，一下說假話，你會讓說謊者的心理層面忙得暈頭轉向。

你也可以要求他們轉述一則你已經知道不是謊言的事實，這樣你就能偷偷地比較他們在說真話與可能撒謊時的訴說方式。如果你跟此人不熟，這麼做能夠幫助你知道他們在常態狀況下的基礎行為模式。

提出一些意想不到的問題，就會讓他們必須把已經演練過的故事暫時拋諸腦後。等到要回頭講原先的故事時，他們有可能已經忘記某些細節了。擷取故事中一段微不足道的段落，稍微加油添醋，抑或增加一個錯誤的小細節後，重述給他們聽。看看他們會怎麼應對。如果他們真心地相信你是犯了一個錯，他們可能會順著你的話繼續講，因為這樣比較輕鬆。

找出說謊者的潛藏情緒

你這輩子都在進行正常而自然的對話——試看看你能不能在對方撒謊的時候，察覺到任何生硬、奇怪、不自然的地方。如果你們在對話很久之後，謊言開始穿幫了，你或許甚至可以直接暗示被發現說謊會有什麼下場。這會讓對方陷入困惑、感到壓力，削弱他們的認知資源，使得他們愈來愈容易犯錯，或說出罪證確鑿的話。

最後，去觀察在對談中，對方展現出什麼樣的情緒。前聯邦調查局探員及審訊專家喬．納瓦羅，特別強調重點在於觀察一系列的行為舉止，而非僅仰賴觀察單一行為或舉動。在謊言的認知事實背後，潛藏的是情緒：罪惡感、緊張、恐懼，或甚至因為沒有被發現撒謊，而在心底深處暗自躍動的刺激感（知道的人稱之為「騙子的喜悅」）。

說謊者經常會呈現出冷酷、平靜的超然態度。你可能會看見說謊者為了製造效果，而小心翼翼地這兒一點、那兒一點，添加一些些虛假的情緒，但如果你跟他們很熟，可能就會覺得這些情緒不知怎的似乎有點不對勁——可能是情緒似乎慢了半拍、情緒出現的時間點很奇怪、情緒維持的時間太久，或是情緒太強或太弱。

這是因為大型的謊言會帶來認知的負擔，進而干擾真實情感的表達。努力扯謊的人，會表現出納瓦羅提到的許多跡象跟線索：嘟起的嘴巴、身體斜一邊、碰觸脖子或臉部，或是讓身體透氣——也就是說，會做各種降溫的事情，例如打開襯衫的第一顆鈕扣，或者撥開脖子跟臉部的頭髮。

隨著你提出一個又一個複雜費解的問題，增加對方的認知負擔，你應該就會看見更多情緒浮出水面。繼續深究。如果想要觀察情緒與訴說虛構故事所造成的認知負擔之間的相互作用，有一個好辦法，那就是直接詢問他們的感受。許多人排練過謊言的細節，卻沒有事先想好自己要用何種情緒去因應質疑。（也就是說，要如何假裝！）

舉例來說，聯邦調查局探員可能會問對方，「發現」屍體時，他們有什麼感受。對方可能要花一點時間才有辦法回答（因為他們沒有建構到這部分的謊言），或者他們可能沒有出現任何情緒，或者他們表現出來的情緒非常虛假。說實話的人幾乎立刻就能真誠回應，並經常時不時地呈現出同樣的情緒。

善用認知超載來識破謊言

除了提出問題之外，認知超載還能透過另一種方式來揭穿謊言。由於大部分的認知能力都用在捏造謊言跟保持謊言的前後一致性，因此在傳遞其他細節的部分，我們的大腦就沒辦法費那麼多心思。比如說，如果你的伴侶試圖謊稱自己一整天都在某個地方，他們在講述自己的故事時，很有可能毫無感情。與朋友共度的時光裡的各種細節，通常會使用愉悅又開心的語調或方式去講述，但在撒謊的時候，說話者會呈現抽離的狀態，使用一連串客觀的陳述語句。之所以會發生這種情況，是因為說謊者無法做到一方面客觀地陳述謊言，另一方面卻要同時富有情感地陳述細節。因此，試著留意對方說話時的情緒與敘事，然後分析看看兩者之間是否吻合。那段敘事聽起來像事先想好的嗎？在講述同樣的細節時，如果是你的話，會展現出更多的情緒嗎？諸如此類的問題，能夠幫助你更會分析謊言。

敘事時的冷淡口吻，呈現出敘事與情緒上的不協調。而這樣的不協調，也會在後續更清楚地出現在肢體語言上。對任何人來說，哪怕是訓練有素的說謊者，在說謊的時候，都非常難以掩蓋某些非言語的肢體小動作。而這一系列的小動作，正是你需要察覺的地方，才能明確斷定對方的確在說謊。有些小動作，例如會出現在臉部上的那一種，比較容易隱藏。然而，研究顯示，由於說謊者通常會感受到焦慮跟罪惡感（除非他們有心理變態），因此他們會變得很激動。這使得人們會比平常更容易做出非言語的各種小動作。舉例來說，由於激動，人們在說謊的時候，眨眼的次數會變得更頻繁。言語障礙、口誤、瞳孔放大，都是說謊的跡象。此外，這些跡象出現的頻率高低，也與謊言的複雜程度有直接的關聯。所以，如果有個人的眨眼次數比常人頻繁，那麼他們的謊言規模可能也很大。

因此，要利用認知超載來識破謊言的話，有兩種方式。你可以耐著性子利用技術性的問題來找出謊言的漏洞，或者你也可以試著去觀察那些伴隨著說謊與認知超載會出現的某些小動作。更好的做法是，你可以同時使用這兩種方式，來得到更準確的結論。

識破謊言的絕妙小訣竅

- 坐下來，讓對方主動提供資訊，而非從他們口中逼問出來。不要太早透露你知道的事情——或者乾脆都不說。
- 保持自在放鬆。你要觀察的不是這個人本身，而是這個處於有點像被你審訊狀態的人。因此，不要讓這整件事看起來像是盤問，否則你可能會發現對方只因陷於這樣的情境就感到焦慮苦惱。

- 不用去留意那些個別的跡象或小動作，例如碰觸鼻子、往右上角看，或是結結巴巴。相反地，注意對方在應對中出現的整體變化，特別是在那些你相信他們可能正在匆匆編故事的關鍵時刻。
- 注意聆聽那些似乎異常冗長或細節過於清楚的敘述——說謊者會使用更多的字句，而他們的說話速度甚至也可能很快。
- 不要著急。你可能需要一些時間，才能揭穿一場騙局。但對方說話的時間愈長，他們說溜嘴或前後矛盾的機率就愈高。
- 主要留心不一致的地方——故事的細節不合理、情感的表達與敘事不合拍，或是故事的轉折太突兀。明顯的跡象是，你問到特定問題時，本來侃侃而談的對方忽然閉上了嘴，而且一臉嚴肅。
- 在解析對話時，一定要依據你已經知道的事實、現場情況，以及你在跟對方互動時觀察到的其他細節。重點在於留心行為模式，然後在該行為模式中斷時，試著查明這樣的中斷是否有其意義。
- 不要害怕相信自己的直覺！你的潛意識可能已經蒐集了一些你的表意識沒有注意到的資料。不要單憑直覺下決定，但也不要太快放掉直覺。

重點整理

- 隨興地觀察肢體語言、語調、言語上的細微變化，有助於理解誠實的人，但我們需要更複雜的技巧，來幫助我們識破說謊者。
- 大多數人並不像他們自認為的那麼會識破欺騙行為。偏見、預期，以及相信自己不可能或不應該受到欺騙的想法，會讓我們無法意識到自己受騙了。
- 察覺謊言是一個動態的過程，必須將注意力放在對話上，才能順利進行。使用開放性的問題，來讓對方主動提供資訊，同時進行觀察。注意連珠炮似的冗長故事、故事的前後矛盾或偽裝的情緒、回答問題時的磨蹭或迴避，或者無法回答意料之外的問題。
- 臨時起意的謊言比較容易識破——試著不要讓說謊者有任何時間去準備或

演練一套說詞，或者提出意料之外的問題，抑或你也插入一段謊言，接著觀察他們的反應，並藉此獲得他們在說謊時可能會出現的基礎行為模式。

- 增加認知負擔，會導致說謊者的故事亂了套，或者忘記細節，從而揭露他們在說謊。繼續深究細節，如果細節不合理、情緒跟敘事不合拍，或者對方故意拖延時間，很可能是在撒謊。

- 留心一個人認知超載的明確跡象。一種情況是，相對於自身或常人通常處於該情況下會表現出的情緒，說謊者所表現出來的情緒過少。這些情緒反而會從他們的肢體語言中洩漏出來。最常見的表現方式為不停眨眼、瞳孔放大、言語障礙，以及口誤。

- 要識破說謊者，是出了名的困難。但如果想提高成功機率，我們就要把重心放在使用具備策略性且目標明確的對話上，藉此來讓說謊者自亂陣腳，而非只是單憑肢體語言去猜測他們的隱藏意圖。

第五章

善用觀察力

有時候，我們需要在短短的幾分鐘，甚至幾秒鐘之內，就能快速評斷某人的性格。

在這個章節中，我們將利用多數我們已經談過的內容，但添加了一個額外的元素：時間。如果時間充足，無論你是不是讀人術的大師，都有很大的機會能充分理解某人。不過實際上，我們有時沒那麼多時間。有時候，我們需要在短短的幾分鐘，甚至幾秒鐘之內，就能快速評斷某人的性格。

在這邊，我們將研究各種方法，來評斷他人的性格、觀察他們的行為、聆聽他們的談話，以及僅憑極少數的情境線索，從零開始有效率地「冷讀」（cold read）⑩對方。許多人都看過所謂的通靈人跟靈媒與死者交流。靈媒會向廣大的觀眾拋出一個模稜兩可又開放式的提示，看看誰會上鉤。接下來，他們就會更進一步……如果該人年紀較大，他們就會模糊地表示有個孩子或伴侶，因為他們知道這個年紀的人大多有伴侶或小孩。根據對方針對這個小小資訊的些微反應，他們進一步縮小了範圍……

這個過程的核心精神是在嘗試微調，而非達到最終效果。（也就是說，欺騙群眾，讓他們相信你正在跟死去的親屬溝通！）裡面實際上採用了一些經過科學證實的方法，能對人做出相當準確的快速判讀——如果我們知道如何去運用的話。

如何使用「薄片擷取」

給你自己空間，去反駁任何的第一印象，但不要忽視你的本能反應，縱使你沒辦法解釋清楚原因！

在心理學中，薄片擷取（thin slicing）所指的是，只利用極少數的資料，也就是你正在試圖觀察的現象——在我們的例子中，就是指一個人跟他們的行為——的「薄片」，就能夠找出對方的行為模式的一種能力。心理學家娜莉妮・安巴迪（Nalini Ambady）跟羅伯特・羅森塔爾（Robert Rosenthal）在一九九二年的《心理學公報》（Psychological Bulletin）上首次創造出了這個詞，但它其實是一個哲學跟心理學的概念，已經存在一段時間了。這個想法是指，使用極少的線索，去準確預測未來的行為。

某些心理學研究顯示，人們在相識的頭五分鐘對他人所做的評價，並不會隨著時間的過

---

⑩ 意即在沒有事先準備的情況下，僅依據當下取得的線索，說出對方的諸多資訊，如文章後續所描述。

去而提高準確度。這可能意味著，第一印象永遠不會改變，或是人們真的可以在短短的幾分鐘之內，蒐集到他們所需要的一切資訊。

阿爾布雷希特森（Albrechtsen）、麥斯納（Meissner）及蘇沙（Susa）於二〇一九年所做的研究顯示，在許多情況下，如果是要分辨對方是否帶有偏見或欺騙的意圖，運用「直覺」（也就是快速判讀）有一定的準確度。有趣的是，以準確度來說，運用直覺的人的表現，竟然比更慎重而有意識地去評估情況的人的表現更好。

你也能夠運用同樣的能力去好好評斷周圍的人嗎？

快速判讀的關鍵層面，在於這種判讀方式泰半是無意識的——這也是這種判讀方式之所以可以如此快速的原因之一。針對薄片擷取這個主題，麥爾坎・葛拉威爾（Malcolm Gladwell）寫了一本著名的書《決斷2秒間：擷取關鍵資訊，發揮不假思索的力量》（Blink: The Power of Thinking without Thinking）。他在書中探討了這些無意識的傾向。舉例來說，有一些藝術專家能夠立刻發現一件新的雕塑有哪裡不大對勁，即便他們說不出原因。後來，該雕塑被證實為贗品。

一個有名的案例是約翰・高特曼（John Gottman），他聲稱自己只要看夫妻一眼，就能夠知道對方十五年後是否還會在一起，準確度高達百分之九十五。奇怪的是，如果他花更多時間去觀察這對夫妻，那麼預測的準確度就會下降到百分之九十——表示準確率的高峰就位在見面不久。

在意圖更準確地判讀及了解身旁的人時，我們要如何利用薄片擷取這個方法呢？相較於理智、慎重、有意識地運用理性去決定與判斷，難道仰賴直覺跟本能反而會更勝一籌嗎？

半對半錯。娜莉妮・安巴迪還發現，我們的情緒狀態可能會影響這類快速判讀的準確度：舉例來說，自身的悲傷會降低人們評斷他人時的準確度，可能是因為悲傷會促使人們處理資訊時更費力。

在本書的前面，我們煞費苦心地研究了偏誤跟偏見，以及這些下意識的反應實際上會對我們正確判讀他人的能力帶來什麼樣的干擾。那麼上述研究的重點是什麼？讀人術的高手通常會雙管齊下，並且能夠意識到實際情況，然後利用各自的優勢去抵銷另一套方法的潛在限制。

舉例來說，你可能去一家公司面試，然後在幾分鐘之內，就立刻對面試官跟這個環境有種「不好的預感」。你說不上來原因，但有些東西不對勁。你獲得了第二次面試的機會。你去了，並決定要保持開放的心胸，以及盡可能地蒐集資訊，但你還沒有得出任何結論。由於重視自己最初的直覺，你巧妙地詢問自己的工作職掌範圍。你碰上了避重就輕的肢體語言、一些欺騙與撒謊的跡象，以及一個不怎麼合情理的故事。

因為這個原因，你做了一點深入調查，最後是一名人際網路中的朋友告訴你，你正在面試的那份工作的前一名員工，是因為呈報性騷擾而遭到開除——做出這件事的人仍然留在公司，而且最後會成為你的直屬經理。在這個故事裡，你可以看見同時運用直覺跟深思熟慮，讓兩者相互彌補，促使你做出良好的抉擇。

法官會運用直覺（通常稱之為「法庭第六感」）、軍警人員會運用直覺、消防員跟急救人員會運用直覺，一般人也會運用直覺去尋找對象，無論是快速約會還是其他種形式的約會。直覺力很強大，通常也很準確，但如果要確保自己沒有落入無意識的確認偏誤（也就是說，我們會去尋找「證據」來證實我們做出的快速判讀結論，並且罔顧其他一切資訊）的陷阱，那麼我們就需要同時搭配有意識的下決定。

在跟新認識的人打交道時，不要一開始就想太多。只要留意自己的下意識反應，讓那樣的感覺輕輕地引導你進入更深入、更有意識的分析。給你自己空間，去反駁任何的第一印象，但不要忽視你的本能反應，縱使你沒辦法解釋清楚原因！

做出明智的觀察

你應該可以想像，透過薄片擷取所進行的評斷，其評斷品質深深受到該片段資訊內容的影響。如果有一天，在你激烈慢跑並陷入沉思之際，有這麼一個人遇到了你，而這個人僅憑你們相會短短數秒獲得的極少資訊，就對你做了一個全面性的評估，那麼這個評估結果對你來說肯定是不公平的。

但話說回來，你應該要使用什麼樣的資訊呢？

認識某人的最初幾分鐘，讓你的大腦去做它自然而然會做的事——去做出下意識的快速判讀。但在那之後，你可以利用更深思熟慮的觀察方式。可以放慢自己大腦處理資訊的速度，自發性地將注意力放在他們所說的話、他們所用的字詞、他們所分享的意象上。在本章剩下的部分中，我們將看看諸如電子郵件或社群媒體是否真的能夠告訴我們關於一個人的任何訊息，以及如何解讀他人的說話方式，還有他們實際的用字遣詞。

檢查他人使用的字詞

學習解讀他人的用字遣詞更接近一門藝術，而非科學。

你八成已經在這麼做了，只是一直沒有意識到而已。有沒有誰寫簡訊的方式，會讓你對他們產生負面觀感？有沒有誰曾經用特定的字詞說服過你？或是你有沒有曾經只透過對方的電子郵件簽名檔，去揣測某人的心情、教育程度、性別，或是個性呢？

二○○六年發表於期刊《社會影響力》（Social Influence）的一項研究發現，髒話跟下流的言語能夠使得人們認為說話者的情緒更強烈，也更具說服力——但有趣的是，這麼做不會影響說話者的公信力。刊載於《人格研究期刊》（Journal of Research in Personality）上的一項相關研究發現，簡訊裡使用的語言，能夠提供你許多關於此人的資訊，例如使用更多的人稱代名詞（我、我的）與性格外向有關、負面的情緒字詞與神經質有關，而更正面的情緒字詞則與親和性有關。

人們的字詞選擇，還能讓你更深入了解他們的心理或身體健康狀況。性格偏向神經質的人，在提到負面的事情時，會使用強烈的情緒性字詞。因此，舉例來說，如果某件事情令他們氣惱，他們不會只是說自己討厭那件令他們氣惱的事情。相反地，他們會用更強烈的字詞，例如說那件事情「很討厭」，或者他們「恨透了」那件事。相對地，性格更偏向積極正面的人，則會用比較和緩的字詞來形容事物，只有在極少數的情況下會用諸如憎恨、噁心等等字詞。如果你注意到某人總是會用意味著痛苦不堪的字詞，去對應那些看似微不足道的小事，那就表示這涉及到了更深層的問題。

正如我們之前在識破謊言的章節中所讀到的一樣，說謊者不僅肢體語言可能會露餡，他們實際說出口的話也可能帶有破綻。說謊者通常話多（典型的「鬼話連篇」），會使用較多感官的字詞（也就是看到、碰到等等），以及較少的人稱代名詞（可能是無意識地疏遠自己，或是微妙地指責他人）。

表面上來看，這樣的情況看起來或許很像某人用令人起疑的篇幅，去講述一個冗長曲折的故事——這是一個明顯的徵兆，意味著這段敘述可能是虛構的。基本上，說謊者會用一套較容易掌握跟重述的說詞。他們可能會避免有因果關係的字詞（例如「甲是因為情況一而做了某某事，這進而又導致了情況二的發生……」），因為相較於單純地敘述一連串發生的事件，大腦不容易記住這種較複雜的結構。

用字遣詞是一門藝術

任何政治家、勵志演講者或行銷專家都會跟你說，你所使用的字詞，會對你說話的內容帶來巨大的影響。但他們帶有明確的意識與意圖所做的事情，對於我們之中的多數人來說，卻是毫無意識地在做的事。我們的用字遣詞僅僅源自我們的深層自我價值、性格、偏見、期望、信念，以及態度。

需要注意的是，一個人是否在沒有明確必要的時候，卻使用了複雜的術語。研究顯示，會在日常對話中使用非日常字詞，但又沒有過度使用的人，往往較受歡迎跟討喜，因為他們會給別人留下聰明的印象。然而，如果你注意到某人在不需要的情況下，硬要使用沒必要的術語，這就反映出，這位被視為聰明又知識淵博的人，陷入了絕望的情境。在分析有權勢地位的人（諸如政治家、財務顧問、大老闆等等）時，知道這點很有用。如果他們滿口術語，你就知道不要相信他們，或者如果對方是你的老闆，你就可以善用這份優勢。

你可能也會留意到，如果某人在跟你聊約會的話題時，開口閉口幾乎都是軍事或狩獵術語——他們等同於無意識地承認了自己對異性的真實看法。一個明明剛剛認識你，卻會不斷使用「我們」這個詞的人，是在試圖跟你說一件事——他們認為你跟他們站在同一陣線上，或至少他們對你抱持這樣的期望。

另一方面，一個在陳述時幾乎都會提到「我」的人，藉此顯現出他們真正的重心放在哪裡。注意人們將事件串在一起的方式，或是他們歸屬因果的方式。舉例來說，某人可能會說「他覺得很受傷」，而不是說「我傷了他的心」，讓你知道在這個情況中，此人如何看待自己的責任歸屬。某人輕描淡寫地說，他「搞大了管家婆的肚子」，這句話所呈現出來的訊息，顯然跟某人對你說，「我們」要有孩子了，截然不同。

你應該可以想見，兩者之間的界線很模糊，而要學習解讀他人的用字遣詞更接近一門藝術，而非科學。你得要把這些資訊放進你試圖建構的、更大的框架中，並考慮當地的語言習慣、年齡、階級、各種語言障礙、情境的正式與否、教育水準，或者只不過是陳年語癖。不過有一些可以遵循的指導方針，也有一些可供探索的途徑。下次跟人談話時，想想下列的問題：

- 這個人是用了很大量的代名詞，或者主要都在談論他人？金融分析師蘿菈‧梨頓郝斯（Laura Rittenhouse）相信，「我」這個詞在年度致投資者的信中出現得愈多次，該公司的整體表現就愈差。
- 對方的字詞是非常情緒化、戲劇化，或純粹的平鋪直敘、中立客觀、基於事實？

● 對方用了很多行話或術語嗎？這些字詞的功能是什麼？
● 是不是明明有更簡單的術語可以用，這個人卻用了很多「艱深晦澀」的字詞？為什麼？
● 這個人有沒有出口成髒？這對你蒐集到的其他資訊有什麼影響？
● 這個人所運用的詞彙，有沒有辦法讓你知道他們正在使用的特定思維模型或參考架構？舉例來說，他們有沒有形容意見的分歧是一種「攻擊」或是稱呼員工為「同事」？
● 這個人是否明知故犯，使用你不懂的詞彙——或是只有你跟對方知道意義的字詞？為什麼？他們是在創造團結跟友好的氛圍，抑或試圖在權力遊戲中將你排除在外？
● 諸如你、你的、你自己這些代名詞，是用來責備、將注意力轉向他人，或是操弄？
● 對方是否在模仿你使用的字詞——他們是否重述你使用的短句或詞彙？這可能表示他們正在尋求共識跟一致。

判讀他人，一如神探福爾摩斯在犯罪現場的明察秋毫

服裝能夠告訴我們關於一個人的許多訊息，因為我們的穿著不會毫無意義。

我們已經看見，即便自己只能獲得一小部分的資訊，例如對方的聲音，我們也能藉此判讀一個人。同樣地，就算只是望向眼前的事物，你也可以藉此判讀他人。你可以把所有的點連成線，看到所有這些微小的線索、暗示、跡象背後那個貨真價實的人嗎？

若要進行「薄片擷取」，還有什麼比一張照片，一張背景是更龐大、更完整生活片刻的快照更合適的呢？透過判讀他們的照片，你可以得知關於一個人的大量資訊。任職於加州大學柏克萊分校（University of California, Berkeley）的達契爾・克特納（Dacher Keltner）跟黎安・哈克（LeeAnne Harker）研究了數十名女性在大學畢業紀念冊上的照片，而一如你所預期的，她們每個人都面帶微笑。

但上面的笑容分成兩種——一種是「杜鄉式」（Duchenne）[11]的，也就是真誠的微笑，

⑪ 名稱源自法國神經學家紀堯姆・杜鄉（Guillaume Duchenne），用以紀念他發現了讓眼睛帶笑的相關肌肉。

以及另一種稱之為「泛美式」（Pan Am）⑫的虛假微笑。真誠的微笑包括了臉部肌肉整體往上抬、眼睛瞇細，以及嘴巴與鼻子周圍都出現紋路。虛假的或被迫的微笑則只有嘴巴在笑，沒有往上延伸到眼睛周圍，也沒有影響臉部其他部位的肌肉。

最有趣的是，研究人員在多年之後，聯絡上了照片中的女性，發現相較於那些被迫微笑的人，那些在照片裡露出真心微笑的人更有可能結婚，而且整體來說更快樂、更健康。如果你看到某人的每一張照片都在假笑，而非真正的快樂，那麼你顯然可以得到一個結論：這個人的生活並不怎麼快樂。（或者他們可能是模特兒，抑或他們討厭拍照——背景資料很重要！）

心理學家或精神科醫師在跟新個案初次晤談時，他們的部分評估包括外貌。以這種方式來評斷一個人的外貌，可能看起來似乎不怎麼公平，但心理學家實際上會觀察非常具體的東西——這個人是否蓬頭垢面、衣著不整？是否穿著古怪，或者毫不考慮天氣或場合？

無論我們喜歡與否，服裝能夠告訴我們關於一個人的許多訊息，因為我們的穿著不會毫無意義。我們會透過服裝來主張自己的身分，以及希望他人如何看待自己。這是一種強而有力的溝通方式，可以傳達出我們的性向與性別認同、我們的文化、年紀、社經地位、職業、獨特的個性，甚至還有一些例如宗教信仰之類的東西。

衣著呈現我們在世界上的位置

你多半已經做過許多次外型判讀了，但是下次認識一位新朋友，而你想更了解對方的時候，不妨試著觀察得再仔細一些。心理學家珍妮佛‧鮑姆嘉特納（Jennifer Baumgartner）博士認為，甚至應該要有「服裝心理學」才對——人們如何買衣、穿衣，會讓你知道很多他們的事情，包括動機、價值觀，以及自我認知。衣著可以呈現出我們在世界上的位置、地位，以及我們連結到自身外貌的意義系統：

- 首先，忘記任何關於衣服是否合宜、性感、符合特定職業等等「規則」。這全都是相對的。相反地，看看這個人的衣著是否契合周遭的環境。舉例來說，一個堅持要在建築工地裡配戴高級珠寶、穿著白色鞋子的人，正在傳遞出一個明確的訊息，那就是要彰顯自己的優越及價值。

---

⑫ 這裡指的是泛美世界航空（Pan American World Airways），簡稱為泛美航空。創立於一九二七年的泛美航空，在一九九一年倒閉之前，有很長一段時間都是美國的主要航空，也聞名全球。泛美航空的空服員被要求，無論發生什麼情況，都必須面帶微笑，使得該公司空服員長期迫於壓力，都必須帶著假笑，才有這個詞語的由來。

- 觀察整體的努力與在乎程度。某人的穿著可能不符合你的品味，但留意看看他們是否努力過。缺乏在乎與關注可能意味著自尊心低落或憂鬱。
- 觀察刻意選擇的地位或威望的標誌——這個人是否費心穿上一件白袍、一套制服，或配戴上某種榮譽勛章？身上有哪些能夠標示出財富或權力的東西呢？這些衣著配件，能夠讓你知道一個人的自我概念及他們的價值觀。
- 縱使需要考量文化因素，但一個利用服裝來讓他人注意到他們的性慾的人（尤其是在不適當的情境中），正在讓你知道，性能力是構成他們身分的重要部分。
- 一個就連下班之後也要穿著工作服的人，所傳遞的訊息是，他們的自我身分與謀生方式息息相關。同樣的法則也可套用於家管的父母身上——一位穿著結實的鞋子、老舊的褲襪，以及有汙漬的帽T的母親，可能在清楚地跟你說，家庭的需求高於她表達自我的需求！
- 愈正式的穿著通常也意味著愈高的責任感，而穿著深色的服裝可能表示神經質。大量的配件可能表示性格很外向。（記得聖誕節的裝飾嗎？）

住家與所有物——人格的延伸

如果你拜訪某人的家，請像觀察他們的穿著方式、肢體語言、用字遣詞那樣，觀察這個地方——畢竟，住家在很大的程度上，是我們個人的延伸。

在法國普羅旺斯的鄉村，有一種古老的傳統，就是在家門口種植一棵、兩棵，或是三棵柏樹，以表示這裡的住戶招待客人意願的高低。三棵樹意味著疲憊的旅行者可以停下腳步，接受主人的款待，以及一張溫暖的床鋪；兩棵樹意味著住戶會很樂意招待你食物跟飲水；但若只有一棵樹，則意味著請不要靠近。

顯而易見的是，並非只有法國人會用這種方式，來跟他人溝通。一九八九年發表在《環境心理學期刊》（Journal of Environmental Psychology）上的一些研究表明，會在住家外面裝飾聖誕飾物的人，希望能向鄰居傳達友善與團結，並且往往善於交際。如果你拜訪某人的家，請像觀察他們的穿著方式、肢體語言、用字遣詞那樣，觀察這個地方——畢竟，住家在很大的程度上，是我們個人的延伸。

住家是否「開放」而好客？整整齊齊或些微髒亂？尋找好客的跡象——招待客人的地方、體貼來訪者的事物。一個人如果住家空無一物、過度整潔，可能就是在告訴你他們很神經質。如果有人展示了大量昂貴的擺飾，以及擺放在鍍金相框中跟名人的合照，那就是在跟你說他們看重什麼——名望和財富。

把住家想像成世界上人們感到最舒適、最安全、最自在的地方。住家——尤其是浴室或臥室等更私密與私人的房間——是我們依據自己的需要跟價值觀打造的空間。

問問自己，在某個空間中，有什麼東西的數量是過多的？如果一個人掛了很多家人的照片，或者房間裡面有一堆書，你就可以很輕易地看出，這些東西對他們來說很重要。或者，房子裡面欠缺的東西，也是一個人個性的重要指標。家具是不是太少了？看得見的個人所有物極少嗎？房子裡空蕩蕩的地方是不是太多？有可能你正在分析的對象只是一名極簡主義者，但這些狀況也可能顯現出一些問題，表示心理健康狀況不佳、缺乏社交依附，或者整體自尊心過低。

住家也是我們展現自我渴望的地方——注意人們如何裝飾自己的家，他們把錢花在什麼地方、忽視了什麼，以及他們的動力源自什麼。他們所做的抉擇，能夠告訴你他們如何看待自己，或者他們可能希望別人如何看待他們。顯而易見的是，只打算租住一年的人，他們的空間能告訴你的訊息可能比較少；而家庭住宅或許較能夠讓你看見對方整體的家庭文化，而個人的個性部分就相對較少，不過這都是數據！

觀察一切事物

在山姆・高斯林（Sam Gosling）的著作《心理大師教你學會神探窺心術：偵察空間線索，解讀行為痕跡，任何人想什麼、做了什麼，你皆能看穿！》（Snoop: What Your Stuff says about You）中，他解釋說，你甚至可以從臥室的擺設，猜出某人的政治傾向。他發現美國的保守派分子，往往擁有較多整理收納型的物件跟常見的飾物，例如旗幟跟運動用品。他們的房間會比較明亮、整齊。而性格傾向自由派的人，他們的臥室則有較多的書籍跟ＣＤ、美術用品、文具用品，以及文化類型的紀念品。自由主義者所佔據的空間，往往也更加豐富多彩。一般來說，如果空間整齊而過度有秩序，則居住者很可能是保守派，因為他們的性格傾向於一絲不苟。另一方面，自由派掌管的空間充斥開放性及創造力，因為這些空間的居住者不喜歡被束縛在常規與秩序之中。

想當然耳，不同區域之間會有明顯的差異。在世界的某處被視為整齊、擺飾得宜，或摩登時髦的空間，一旦放到了其他地方，給人的感覺可能截然不同，因此這一點值得納入考量。另一方面，注意到一處住家與當地周遭環境之間存在的任何差異，其本身也是一種資訊來源——如果一個家庭想要興建的房子，跟他們街坊鄰居的房子大相逕庭，或者完全套用異國習俗時，這代表著什麼含意呢？

根據高斯林的看法，所有物與手工藝品大致可以分為三類：

那些**能夠呈現自我認同的物件**——那些能夠直接顯現出我們的個性、價值觀或身分認同的物品。裝飾物、海報、獎盃或獎牌、照片、珠寶跟身上的裝飾（想像一條掛在脖子上的黃金十字架項鍊，或一個凱爾特結的紋身）。望向該空間，然後問，誰住在這裡？擁有這件物品的是一個什麼樣的人？

能夠調節情緒的物件——那些能夠幫助人們管理自身情緒狀態的物品。一段勵志小語、一張親愛之人的照片、能觸發某種情緒的物品。這些物品都能夠讓你知道對方最看重與珍惜的人事物。

最後，**代表行為痕跡（behavioral residues）的物件**——在日常生活的進程中留下的物品。這類東西包括角落裡成堆的陳舊伏特加酒瓶、一本擺在沙發旁沒讀完的書、一個擺在餐桌上的手工半成品。這些東西可以讓你清楚地窺見人們的習慣跟行為。

用近似於你判讀他人肢體語言或聲音腔調的方式去判讀他人的生活並不困難——只需要

有意識地去做就好了。觀察一切事物。他們在車上聽哪一台廣播頻道？他們是用什麼樣的保險桿貼紙？他們的用戶名稱是什麼？他們選用什麼樣的電腦桌布？觀察皮夾、鞋子、照片、運動器材、寵物、吃的食物跟喝的飲料，以及閱讀的東西。這些小東西都會跟你說話……只要你懂得去聆聽。

如何判讀他人的網路行為

人們實際上更有可能在社群媒體上展現出真實的自己，而非理想的自己。

近年來，人們知道不要相信網路上看到的每一件事情，以及人們放在社群媒體上的彩色照片，可能跟他們本人的真正長相幾乎是兩碼事。但是，我們是否依然可以透過查看他人的社群媒體帳號及網路行為，來推斷出些許他們在真實生活中的樣貌呢？答案是肯定的！

首先，想要了解某人在網路上的個性，你甚至不需要從查看他們的社群媒體開始——電子郵件才是起點。除了他們的帳戶名稱所選擇的字詞跟整體的語言使用方式（這部分我們稍早就討論過）之外，看一下對方通常寄電子郵件給你的時間標記。一到兩封超級晚的電子郵件或許沒有任何意義，但如果你一直在深夜收到電子郵件，你可能會猜想對方是個夜貓子。

但那又怎麼樣呢？對吧？巧合的是，一個人的作息時間——或者可以說是他們自己獨特的生理時鐘模式——可以讓你知道一些關於他們性格的事。麥可・布勞斯（Michael Breus）的研究顯示，那些早起但十點以前就會筋疲力盡的人，很有可能性格外向、有野心、善於社交。夜貓子類型的人，則被發現在所謂的「黑暗人格三角」（dark triad）——自戀、馬基維利主義（Machiavellianism）[13]、精神變態——上的比例略高。

這並不表示在週六夜晚傳訊息給你的人就是精神變態——相反地，如果你有一些證據表明他們的作息模式就是夜貓子，他們很有可能性格內向、焦慮、有創意。據說那些屋子裡貼滿作息時間表的人，其實有一套不同於計畫的作息時間；淺眠的人容易感到壓力過大，通常也比其他類型的人更焦慮跟認真。

但我們把重點回到社群媒體——有數以億計的人在使用臉書、ＩＧ等網站，如果忽略掉人類行為的這個層面就太可惜了。如果你想知道是不是可以透過他人在社群媒體上的貼文，來看出他們的一絲真實面貌，那麼你會對貝克（Beck）及其同事，在二〇一〇年針對學生及他們的社群媒體使用行為的研究感到興趣。

研究人員針對兩百三十六名學生進行了人格測試，以評斷他們的「五大人格特質」，而另一項測試旨在評量他們的理想性格為何，意即他們希望自己成為怎麼樣的人。研究的最後

⑬ 以被譽爲「近代政治學之父」的義大利政治哲學家尼可洛・馬基維利命名，其核心價值爲「爲達目的，不擇手段」。

一個階段，是讓陌生人看看學生的社群媒體資料，並對他們的個性進行一些評估。

結果或許令人感到訝異：人們實際上更有可能在社群媒體上展現出真實的自己，而非理想的自己。換句話說，人們在社群媒體上多半誠實而坦率。然而，我們需要用更謹慎的態度來解讀這項研究的發現——人們的評估只是粗略的。有些人格特質很難在社群媒體上看得出來。舉例來說，神經質很不容易看出來，但是認真跟外向則比較明顯。

那麼，社群媒體能讓你看出一個人的真實面貌嗎？大致上來說，可以。一如試圖了解他人的時候，我們可能會用來分析的任何其他資訊，我們需要記住，社群媒體只不過是一小部分的數據（薄薄的一小片），以及一系列的行為模式比單獨的事件重要。文字有時候很容易會影響判斷，因為網路上的文字通常帶著多一分正面或負面的情緒。但是，一個人貼出的圖像類型，尤其是他們的個人資料圖像，可以幫助你將這些人較準確地歸類到五大人格特質中的某種類型。研究顯示，一個經驗開放性或神經質得分較高的人，他們的大頭貼照通常不是帶著正面情緒，而是沒有表情。盡責性、親和性、外向性得分較高的人，他們的大頭貼照通常會帶著微笑及正面情緒。相較於其他類型，後兩種類型的人通常也會有色彩較豐富、氛圍較熱鬧的照片。

同樣值得記住的是，知道一個人的理想性格，確實可以告訴你許多關於他們當前性格的事情。就像如果一個人的家裡擺滿了旅行帶回來的珍稀紀念品、牆上掛滿了各國地圖，你就會知道這個人重視四海遨遊一樣，一個社群媒體的相簿裡充斥著旅遊照片的人，只不過是更刻意想要告訴他人：「我希望你認為我行遍天下。」

職場判讀術

在判讀他人的時候，有一些資訊能夠提供給我們珍貴的深刻見解。而這類資訊的來源，通常都不是你料想得到的地方。

這是任何接受面試者的祕密恐懼——或許一場成功的面試，取決於最初的問候與握手，取決於那關鍵性的短短幾秒之內，再無其他原因。我們已經見識過，在評斷他人時，第一印象的確佔有重要地位，而所有最初的感覺似乎都是正確的。例如說，某人的握手方式，可以讓你知道許多關於他們的資訊。

一篇刊載於期刊《社會影響力》的二〇一一年論文，試圖弄清楚握手的行為是否可以幫助人們更準確地判讀他人。他們要求受試者在與五個人見面後，對他們的性格評分，其中有半數的受試者能夠握手，另外一半的受試者則不能握手。事實證明，在評估他人是否認真盡責時，與沒有握手的人相比，有握手的那組人的評估較為準確。所有那些堅持要面對面開會的商界人士，可能都發現了這個祕訣！

如果你想要判讀某人，而且恰好有機會跟他們握手，請留意這幾個關鍵時刻：一個「死魚」般有氣無力的握手，可能帶有幾種含意，例如自卑、沒有興趣，或者不願承諾。溼淋淋的手掌可能意味著焦慮，不過並非總是如此——有些人可能手心天生容易出汗，所以要尋找確鑿的跡象。

看看先主動握手的人是誰。那些靠得很近，並且猛力握手的人，是在試圖控制情勢，甚至可能想要以某種方式主導這場會面。如果有個人試圖要讓自己的掌心更朝向地面，就表示他們象徵性地試圖「居上位」以控制情勢，或者控制你。

就像擁抱一樣，看看是誰先打斷了握手——立刻把手抽回來，象徵不情願或猶豫，而不放手跟上下搖的時間久到令人不舒服，則表示對方試圖說服或安撫你。如果有人伸出一隻玲瓏又柔軟的小手要讓你握，那氣氛簡直宛如女王要讓臣民行吻手禮——我想，這應該不用我多解釋了吧！

雙手式握手（將第二隻手放在已經握住的雙方之手上）是用以表示誠懇，但實際使用的人，多半是那些意圖看起來很誠懇的政客或外交官——實際效果可能會變得有點居高臨下。一般來說，對方的握手愈坦率、溫暖、舒服，表示這個人愈外向跟隨和。外向性是最容易透過握手的行為發現的特質。不過，就算對方的握手讓你感覺有點不對勁，在下任何定論之前，還是要觀察其他的情境線索。

有趣的是，如果你打算評斷一名同事或潛在雇員的性格，我建議你忽略他們的履歷表，而是去看他們的社群媒體帳號。用他人的社群媒體帳號進行快速判讀，這麼做看起來似乎不怎麼公平，但有證據表示，這實際上可能是一種準確的方法——不僅可用於評斷個性，還能夠看見他人在工作崗位上的可能表現。

研究員唐・克萊波（Don Kluemper）要求受試者透過社群媒體帳號去對陌生人的個性評分。然後，他檢查了社群帳號持有人跟他們的整體工作表現，發現那些在社群媒體平台上更認真、隨和、有求知慾的人，實際上在工作中表現得更好。我們已經在先前的一項研究中看到，人們在社群媒體上的自我描述其實相當誠實——這項研究告訴我們，在跟他人溝通時所傳遞出來的個人特質，會對所有的一切造成影響，包括我們的工作表現。

如果你想知道，在一場夜總會裡舉辦的超級隨興派對上拍下的一張照片，是不是能成為某人的負面評價依據，學界大致上的看法是……你懂的，視情境而定。如果一個人的個人帳號顯示他們擁有廣泛的興趣、豐富的旅行經驗、許多的朋友、眾多有趣的愛好，這些帳號的評價都會比較好——因此，如果有這麼一個學生，他的帳號裡除了各種各樣的東西之外，還有少數幾張「派對照片」，他人或許實際上反而會覺得他生活多元、有血有肉。

無論如何，這些研究告訴我們一件重要的事情：在判讀他人的時候，有一些資訊能夠提供給我們珍貴的深刻見解。而這類資訊的來源，通常都不是你料想得到的地方。

主動式觀察：如何善用提問

透過直接提出間接問題，我們可以發現別人的什麼特質。使用這個方法，根據他們的答案，我們可以得知許多關於他們的事情。

著名的希臘哲學家亞里斯多德曾說：「了解自己，是一切智慧的開端。」而美國開國元勛班傑明・富蘭克林（Benjamin Franklin）似乎也有類似的想法：「有三種東西特別難以穿透：鋼鐵、鑽石，還有自我。」前面那句的意思，是說自我覺察是智慧的根源，而後面那句的意思，則是自我覺察是難以企及的境界。

當然，這本書談論的並非全是自我覺察，但我們知道，自我覺察的過程，近似於精進判讀與分析他人能力的過程。兩者也同樣困難。

這一節的重點在於，透過直接提出間接問題，我們可以發現別人的什麼特質。使用這個方法，根據他們的答案，我們可以得知許多關於他們的事情。從許多角度來看，這個做法反映出，我們可以透過同樣的過程，來達到了解自我。

人們通常如何達到自我覺察呢？能做到自我覺察的人，多半會對自己提出簡單而直接的問題，並希望能藉此得到一些暗示，進而獲得意識知識以外的自我認識。在那之後，通常他們會再問自己一些問題，例如：「什麼東西會讓我覺得快樂又滿足？」這種直接的問題，應該被視為一個平凡無奇的起始點，因為這類的問題，會迫使你漫無目的地生出一個答案。除了老生常談以外，這類問題通常不會帶來太多的自我洞察。你可能會撒謊，甚至會以毫無幫助的方式，去解讀這個問題。

我說真的，你要嘗試用一種能夠實際給予你意義跟方向的方式，去回答前面那個問題。如果你被問到例如：「你最期待一星期裡的什麼部分」或者「如果你中了頭彩，而且可以選擇如何去使用自己的時間，你會做些什麼呢？」抑或「你最喜歡什麼類型的長期休假？」這些問題能引出具體的答案——你或是其他人的具體部分——讓你得以著手並深入。其實，我們是在詢問他人的行為模式，而這些問題的答案，能夠成為我們理解他人的最佳根基。想法跟意圖很重要，但到頭來，如果沒有轉化成行動，想法跟意圖對我們的目的來說，可謂是毫無用處。

而說真的，這只是入門而已，人類的性格生來就是模糊難辨、無法定論。接下來，我們將學習如何分析各種碎裂的資訊。

間接的問題；直接的資訊

你看見一個間接的問題，就能使你對他人的想法有相當多的了解。

所以，這個章節會提供一種分析他人的新奇方法。透過單純的提問，我們可以揭露大量的資訊，這些資訊代表的是整個世界觀或一系列的價值觀。舉例來說，或許你可以問某人，他們的新聞消息都是從哪裡得知的？以及他們喜歡看電視頻道的哪一台、哪類型的出版品、哪類型的雜誌？偏好哪位專家或主持人？上述的實際提問案例，能明確讓你看見一個間接的問題，就能使你對他人的想法有相當多的了解。這種做法涉及了一些推斷跟猜測，但至少是一項可以繼續著手的扎實資訊，而且有許多具體的關聯事物。

在本章節起始，我們提到了一些間接性的問題，接下來我們將詢問他人更深入的問題，並聆聽他們的敘述，藉此試著一點一滴地從中蒐集資訊。這些問題的表達方式，是用來引出並激發深刻的想法。這些問題能促使人們深入自身思維，讓我們得以了解他們的行為及思維模式。

一、哪種類型的獎勵，是你會付出最大努力去贏得的？哪種類型的懲罰，是你會盡一切可能去避免的？

這個問題的答案，或許能夠幫助你找出驅策某人前進的背後真實動機。除了表面的東西之外，真正能激勵人們的東西是什麼？他們真正在乎的是什麼？什麼類型的痛苦或快樂對他們來說很重要？包括正面事物與負面事物，在本能的層面上，對他們來說最重要的是什麼？在某種程度上，這個答案也反映了個人的價值觀。

舉例來說，所有賭徒都想要一項獎勵：頭獎。他們一試再試，無論這種嘗試並贏得巨額獎金的方式，是透過刮刮樂或是吃角子老虎。他們的動機是想要贏回損失嗎？他們想要獲得超越想像的財富嗎？他們是真心想要贏得大獎，抑或他們只是在填補心中的空虛，一次又一次藉此試圖讓自己分心？

為什麼他們要這麼努力？你或許會猜想，他們的動機是伴隨著風險而來的刺激與強烈感受。他們在乎有穩定的收入或尋找人生的意義嗎？也許在乎，也許不在乎。一旦你可以深入了解某人的最大渴望及背後原因，你通常用不著直接提問，就能知道他們生命的驅動力是什麼。人們回答這個問題的方式，能夠清楚地讓你知道他們生命中的優先事物是什麼，以及他們認為的痛苦與快樂是什麼。

藉由這個問題，去尋找人們在答案背後的情感，你就能夠很清楚地判讀他們的價值觀。雖然目標是想要爬到執行長的位階，但這樣的目標不會是憑空存在的——這股渴望背後的感受、情緒，以及能夠因而獲得滿足的期望是什麼？同樣地，想要避免陷入貧窮，也會道出非常具體的、對安全感的渴望，以及想要遠離危險。

二、你想要在什麼地方花大錢？你可以在哪些地方省錢或分毫不花？

這個問題的答案，能夠揭露對某人的人生來說，什麼東西很重要，以及他們想要體驗什麼，或是避免什麼。這個問題其實無關乎想要買的一或多件物品；終有一天，擁有的物品將再也毫無用處，重點在於那些物品所象徵與提供的意義。舉例來說，有時候，相較於買一個新皮包，花錢購買各種體驗，或許能夠改善某人的整體幸福感及人生觀。再次強調，要尋找答案背後潛在的情緒跟動機。

那麼，有什麼東西是你可以毫無困難大肆揮霍，又有什麼對你來說是毫無價值的呢？舉例來說，在決定假期開支的時候，人們可能會選擇將大把大把的錢，花在頂級的乘船旅遊，住宿則待在破舊的飯店。這表示他們渴望體驗令人難忘的時刻，而非住進有金色馬桶的高檔飯店，他們覺得後者才是浪費錢。其他人可能會做出相反的選擇，縱情於物質享受，卻看不到太多的景致。無論是做出哪一種選擇，他們都確確實實地找出了自己的優先選擇與價值觀，並且把錢花在那些事物上。

你的錢會花在什麼地方，就表示那地方能帶給你極大的快樂，因此如果你能留意自己會讓錢流向何方，以及會截斷哪裡的錢流，就能立刻知道，對你來說，每天重要的事情是什麼。與此相對的問題，是你問對方：「在日常生活中，你重視什麼事情？」同樣地，你也會得到一個能夠用來分析的明確答案。

同樣的提問原則可套用於時間、金錢、精力。無論是有意或無意，時間、金錢、精力的流向，都代表了人們所擁有的價值觀。

三、你個人最重要又有意義的成就是什麼？你意義最重大的失望或失敗又是什麼？

一個很常見的事實是，無論是好或壞的經驗，都將人們形塑成了現在的自己。成就和失敗，與某人如何看待自己有關。重要的經歷往往也會創造出他們的自我認同——你之所以是這樣的人，正因為你做了某事，並迎向成功或失敗的結果。我們無法否認，過去發生的事情經常會影響我們當前與未來的行動。人們大可不用這麼做，畢竟這不是一本關於如何改變心態的書。重點在於龐大的事件，會對整個人生產生廣泛的影響。

因此，這個問題能夠讓人們回答，無論是好是壞，他們如何看待自己。痛苦的失敗能夠勾出他們討厭的自身缺陷，而成就會讓他們提起令自身感到驕傲的優點。

一名賣力工作，一步步在企業中升遷的職業婦女，可能會自豪地想起她的成就。為什麼她認為這是自己最大的成就？因為她重視獨立、韌性、決心，而這些東西正是她爬上職業巔峰所必要的。她回想起自己為了得到那間高級辦公室所做的諸多事情，而她覺得這一切都很值得。

因此，關於她職業成就的回答，其實是她利用了自己的正面特質爬到這個位置的故事——也就是她的自我認同。你可以想像一下，如果同一名女性聊到了她自己的失敗，最終得到了一份她厭惡的工作，相同的負面自我認同可能就會出現。這些性格特質將會是她最討厭的東西。

人們回答這個問題的方式，顯現出他們想要成為什麼樣的人，而這反映在他們的期望是否得到滿足。

四、什麼事情做起來毫不費力？什麼事情總是讓人筋疲力盡？

這個問題，旨在更清楚地了解真正喜歡的是什麼。做起來毫不費力的事情，並不一定總是對方天生的才華，而是表示他們喜歡去做這件事。另一方面，做起來總是讓人筋疲力竭的事情，並非總與人們缺乏能力有關，而是對該件事情的厭惡。因此，這個問題的答案，可以顯現出人們會在什麼地方找到自然而然的歡愉跟享受，即便他們自己沒有意識到。

舉例來說，一名麵包師傅在回答這個問題時，她可能會意識到，自己在將原料混合並製成甜點的創造力上，資質相當平庸。她的能力雖然高於一般人，但並沒有天分，在她的記憶中，這件事情一直都非常困難。她並非生來就具有廚房裡的創造力，但她從中找到了樂趣，因此總是被驅使著去做這件事。這件事情帶來挑戰，但因她從不感到厭倦，因此做起來毫不費力。

另一方面，她或許在理解並遵照傳統食譜的方面，具有天賦——然而她既不重視這件事，也不特別在乎。如果單純只看她的天賦，我們會得出一個結論：她應該要堅持只遵照他人的食譜去做麵包。但這顯然不是她想要的。如同先前提到的，我們將時間、精力、能量耗費在什麼地方，那些地方就是我們的價值觀。

五、如果可以在遊戲裡面設計一個角色，你會強調哪些特質？又會忽略哪些特質？

這個問題要問的，是人們如何看待理想的自我，以及他們覺得在這個世界上，有什麼東西不那麼重要。想像一下，你只有有限的點數可以給一個角色，卻有六個特質可以分配選擇。你會強調跟提高哪些特質？又有哪些特質你會選擇平凡或甚至缺乏？

假設你有能力在魅力、學術能力、幽默感、誠實、彈性，以及情緒覺察等特質之間做出選擇，你將最多的點數投入其中的特質，正是你希望別人如何看待你的特質。它可能代表你當前的性格特質構成，也可能跟你的現況完全相反。無論如何，這很可能代表你如何看待自己，或是你希望如何看待自己。至於其他特質呢？好吧，可能就只是沒那麼重要。反過來說，人們會尋找那些具有自己喜愛的特質的人，而不太熱衷於尋找具有其他特質的人。人們之所以會選擇的每一個特質，背後也許都有其緣故。

一個相關的問題是問別人：「他人通常都有什麼特質？」這個問題來自達斯汀・伍德（Dustin Wood）於二〇一〇年做的一項心理學研究。在這項研究中，他發現人們往往會描述他人具備跟自己近似的性格特質。這大概是因為，人們傾向於在他人身上看到自己的特質。沒有人相信那些構成自己心性的特質是異於常人的，因此，他們相信每個人都跟自己一樣，有類似的觀點跟思考方式。這個問題的答案，能夠讓我們直接洞悉他人相信自己具備哪些特質，無論這個特質是好是壞。從這一點出發，你就能知道他們對世界抱持什麼樣的態度——和善、慷慨、不信任、頑皮搗蛋，或甚至心存惡念。

六、如果非捐不可，你會把自己擁有的幾千萬元捐給什麼慈善機構？

為了回答這個問題，會迫使人們回答他們珍視這個世界的什麼事物，而不僅僅只局限於他們的生活。

你會把錢捐給動物收容所或癌症慈善組織？或許你會資助一個來自第三世界的孩子？他們都道出了截然不同的事情。針對這些善舉，你可能都有過第一手或第二手的經驗。無論如何，這個問題能夠顯示的是，一旦人們的思維不局限在自己身上時，他們在乎的是什麼。你可以看見他們珍視的是世界的哪個領域，這能讓你看見他們如何看待自己在這個世界上的位置。換句話說，他們會優先考慮什麼團體的利益，或者受到什麼團體的激勵？一如往常，你要注意潛藏其中的情感。

提出這些問題，能夠喚起人們對價值觀、想法、意識的深層連結。再次強調，之所以要問這些問題，是為了觀察他人的行為。這些問題會引導人們去思考自己性格中最相關的層面。這些問題也能使得人們的思維超脫陳舊的觀點，並且逐漸而自然地激發更多有意義的想法。追尋答案背後的真意，一字一句都仔細思考。這裡需要的關鍵能力是批判性思維、評斷及反思。

接下來，我們要更深入地詢問他們建構出來的敘事，而非只是一個相對簡短的答案，看看我們能夠從聽見他們完整的內在對話中，一點一滴地蒐集到什麼資訊。

七、什麼動物最能夠用來描述你？

這個問題的偉大之處在於，這其實是將一個非常私密的問題，隱藏在乍看平凡的地方。人們願意談論他們欣賞的他人所擁有的某些特質，遠勝過直接談論他們自己。你可能也會發現，提出這個問題，可以讓人們感覺十分樂於去分享那些在其他情況下可能會因為覺得不大舒服，而無法透露的資訊。

談論動物時會產生的近距離感，能夠促成一些非常直率而誠實的答案。論及自己最喜愛的動物時，人們可能會不經意地告訴你，他們希望自己成為什麼樣的人。仔細去聆聽那些說自己喜歡狗兒但不喜歡貓咪的人所說的話。問他們原因，而他們的答案會清楚地讓你知道他們珍視的個人特質——包括他人的跟自己的——以及他們希望成為什麼樣的人。

提出這個問題的最好方式，是盡可能地輕鬆自在。不要讓你自己看起來像是打算盤一樣問出一個嚴肅的答案——諷刺的是，這種輕鬆的態度會很快地穿透他人的防衛心態，讓他們不假思索地說出關於自己而且意義重大的資訊。他們立刻告訴你的答案很重要——不管他們最先想到的是什麼，那都極有可能是他們認為最重要、最相關、最固定的面向。

比如說，一個人立刻跟你說，他們是熊，而且不需要進一步的追問，他們就跟你說了原因：他們很凶猛，會保護自己喜愛的親友，不應該等閒視之。但如果他們沒有選擇鯊魚，這是不是表示，他們也認為自己有些「可愛」的一面？

從表面上來看，這類的問題似乎單純有趣，但就是因為這麼純粹簡單，才會使得人們的回答最為誠實——就好像在做墨跡測驗（Rorschach test）⑭一樣。他們選擇的是肉食動物還是草食動物？是傳說生物嗎？是害蟲嗎？是人類馴養的動物或是野生而有些危險的動物呢？這類的問題，能大幅地加深並強化你對他們的理解——而且是從他們自己所提出的觀點來進

⑭也譯為羅夏克墨跡測驗，由瑞士精神科醫師赫曼·羅夏克（Hermann Rorschach）於一九二一年提出。測驗方法為，讓受試者看十張有墨漬的卡片，接著請他們回答卡片上的墨漬看起來像什麼，藉此判斷受試者的性格還有狀態。

行的。

八、你最喜歡哪一部電影？

表面上來看，這個問題就跟前一題一樣淺顯易懂，可是在分享諸如自己最喜愛的電影時，許多人不會聚精會神，認真地聆聽對方提供的大量資訊。透過這個問題，人們真正在跟你分享的，是吸引他們的敘事手法及故事情節，進而讓你深入理解他們內在道德世界的模樣、他們如何看待好人跟壞人，或者甚至隨著話題的進展，讓你知道他們對自己宏大的人生故事有何展望。

知道他們喜歡某部電影有什麼用處呢？不要直接假定他們認同的對象是主角——對他們最具影響力的可能是導演或是電影類型。如果有人回答：「呃，這是一部沒沒無聞的波蘭獨立電影，上映時間是四〇年代初期。我覺得你可能沒聽過。」即便你從沒聽過這部電影，也可以從中推斷出很多資訊！你可以假定這個人重視獨特性跟稀有性，並且喜歡把自己塑造成品味絕佳的鑑賞家。（也就是說，其他人可能會認為這不過是個讓人聽了就生氣的假文青！）

搭配你蒐集到的其他資訊，來解讀這個問題的答案。躲在角落那個害羞而骨瘦如柴的孩子，最鍾愛超級英雄的電影，這件事情的意義是什麼？一名退休的日本媽媽，會在一部描述美國南方腹地的奴隸交易的嚴肅電影中看見什麼？那個告訴你他們最愛看喜劇電影的人，所選擇的並非最近的電影，而是一部幾十年前的影片，該片大為風行的時候，他們還不過是個孩子，這件事情有什麼意義呢？

九、家中失火的時候，你會搶救出什麼東西？

你懂的。你的整個家在起火燃燒，而你只能進去拿取一件珍貴的物品，不能再多了。這是另一個能夠深入挖掘個人最基本價值觀與優先事物的問題。或許你認識這麼一個人，你以為對方相當務實，幾乎可說是情緒感受駑鈍，直到他們跟你說，他們會從火場中救出一本詩集。

危機跟緊急情況，能夠快速地打斷生活中的混亂。人們可能總呈現出某種固定的性格，直到他們遇上了絕境。在電影《婚姻風暴》（Force Majeure）中，一個家庭發現自己要面對一場短暫而可怕的威脅——一場即將發生的雪崩。在幾個危機時刻，父親選擇自救，逃離現場，而母親則留了下來，跟孩子們待在一起。雖然危機過去了，每個人很快就又安全了，但電影接下來的部分，則在探討父親的行為意味著什麼。他那一刻的下意識反應，是否說明了他真正重視的是什麼——也就是他自己，而非家庭呢？

試著去理解一個人會救出什麼之外，還要去想他為什麼這麼做。一個想都不想就立刻救出寵物貓的人，是在讓你知道，比起無生命的財產，他們更重視生命。一個選擇拿護照的人，則是要讓你知道，他們非常看重自己能夠行動的自由、能夠旅行的能力。

同樣地，那些會簡單地跟你說，他們選擇拿起錢包，因為所有的錢、卡片跟駕照都在裡面的人，也是在讓你知道一件重要的事情——他們不是依據價值觀或假設在回答你的問題，而是用最合乎邏輯的方式，解決一個毫無疑問而確確實實的困境。與那些大膽宣稱自己會救出曾曾祖母的老照片的人截然不同！

十、你最害怕什麼？

上述許多問題的重點，都放在價值觀、原則、優先選擇、欲望之上。不過當然，你也可以從一個人會主動去迴避、厭惡，及恐懼的事物中，知道很多事情。這些答案不單能讓你知道他們珍視什麼，也會讓你知道他們如何看待自己。畢竟，你會害怕那些最讓你覺得無法自保的事物，或是你覺得會對你造成最大傷害的事物，這很合理。透過這個問題，你能獲得大量的洞察，知道一個人如何看待自己的力量與侷限。

一個會說出「蜘蛛」的人，跟另一個表示「早發性失智症。我會逐漸忘記自己是誰，以及忘記那些我曾經深愛過的每一張面孔」的人，他們的心理結構截然不同。恐懼是一扇門，往往通向人們最堅守的原則——一個道德感極度強烈，做人處事總受正義與公平驅使的人，可能會害怕連續殺人魔、精神變態，甚或是惡魔般的超自然存在。

另一方面，恐懼也能讓你知道，對方如何看待他們處理逆境或痛苦的能力。會害怕被拒絕、拋棄與批評的人，是在讓你知道，在他們的世界裡，心理傷害比身體傷害來得更嚴重。同樣地，如果有人毫不畏懼地跟你說：「我什麼都不怕」，你又會推斷出什麼呢？

重點整理

- 嘗試理解他人時，我們可以觀察並分析大量的資訊，但我們通常沒有太多的時間去做這件事。使用少量的數據，去進行準確的評斷，這種方法稱為「薄片擷取」。基於薄片擷取所做出的快速判讀，其準確度可能驚人地高。相信自己最初的無意識反應（直覺）是個好方法，但在事後，記得要透過更深思熟慮的觀察來補充。
- 注意人們在短訊及電子郵件裡面使用的詞彙，例如代名詞、主動／被動語態、髒話、口音、字詞選擇等等。還要注意某人所使用的字詞有多情緒化，以及情緒的濃淡程度是否符合當下的情境。比如說，在看似和善的環境下，大量使用負面的字詞，可能表示心理健康狀況不佳或自尊心過低。
- 以判讀他人肢體語言與聲音腔調的方式，去判讀一個人的住家及所有物：舉例來說，檢查住家的封閉性或開放性，藉此判讀對方的社交能力。有兩點要留意：在一個人經常佔據的空間中，有什麼東西是過多的，又有什麼東西是明顯的匱乏。個人的所有物可以用來呈現自我認同、可以顯示一個人如何調節自己的情緒，或者可以作為某些過往行為或習慣的證據。

- 你也可以透過他人的網路行為，來看出他們是什麼樣的人，儘管稍需謹慎而行。留意他人張貼了什麼樣的圖像以及傳達了什麼樣的情緒，特別留意這些圖像或情緒是正面的、中立的，或是負面的。會張貼正面情緒圖像的人，性格可能更隨和、外向、認真，而會張貼情緒中立照片的人，性格通常較開放跟神經質。

- 你可以使用問題來主動探出非常有用的資訊。假設性的問題，可以繞過人們的心理防禦，讓他們馬上誠實地透露出具有深刻意義的資訊。這有助於讓你更明白他們的祕密渴望、價值觀，以及自我認知。

Creative 189

最強讀人術：從了解自己到透析人心

作者｜派翠克・金（Patrick King）
譯者｜朱浩一
出版者｜大田出版有限公司
台北市一〇四四五 中山北路二段二十六巷二號二樓
E-mail｜titan@morningstar.com.tw http://www.titan3.com.tw
編輯部專線｜（02）2562-1383 傳真：（02）2581-8761
總編輯｜莊培園
副總編輯｜蔡鳳儀
行銷編輯｜張筠和
行政編輯｜鄭鈺澐
校對｜黃薇霓／朱浩一
初刷｜二〇二三年十一月一日 定價：三六〇元
二刷｜二〇二四年六月十七日
網路書店｜http://www.morningstar.com.tw（晨星網路書店）
TEL：（04）23595819 FAX：（04）23595493
購書Email｜service@morningstar.com.tw
郵政劃撥｜15060393（知己圖書股份有限公司）
印刷｜上好印刷股份有限公司
國際書碼｜978-986-179-831-8 CIP:176.8/112014386

填回函雙重禮
①立即送購書優惠券
②抽獎小禮物

國家圖書館出版品預行編目資料

最強讀人術／派翠克・金（Patrick King）著；朱浩一譯．——初版——台北市：大田，2023.11
面；公分．——（Creative；189）

ISBN 978-986-179-831-8（平裝）

176.8 112014386